*Carlo Maria Martini*

# Gott und den Menschen begegnen mit Franz von Sales

Carlo Maria Martini

# Gott und den Menschen begegnen

## mit Franz von Sales

Franz-Sales-Verlag

Titel der Originalausgabe: *Sui sentieri della visitazione*

Übersetzung aus dem Italienischen: Hermann J. Benning

Die Deutsche Bibliothek – CIP-Einheitsaufnahme

Martini, Carlo Maria:
Gott und den Menschen begegnen mit Franz von Sales / Carlo Maria Martini. [Übers. aus dem Ital.: Hermann J. Benning]. – 1. Aufl.. – Eichstätt : Franz-Sales-Verl., 2000

ISBN 3-7721-0224-7

ISBN 3-7721-0224-7
1. Auflage 2000

Umschlaggestaltung: Herbert Winklehner unter Verwendung des Bildes „Umbrische Landschaft“ von Regina Kehr
Gesamtherstellung: Brönner & Daentler, Eichstätt

# Inhalt

# Vorwort

Die jungen Priester der Diözese Mailand machen einmal im Jahr dreitägige Exerzitien gemeinsam mit ihrem Bischof.[1] Dabei haben sie Gelegenheit zum Gespräch und Austausch in unmittelbarem Kontakt mit ihm. So erweitert sich aber auch jedesmal der Themenkreis, über den Kardinal Martini mit denen spricht, die am Beginn ihres Wirkens als Seelsorger in den Gemeinden stehen und die zutiefst beseelt sind von dem Wunsch, für diesen ihren Dienst am Evangelium Wegweisung und Orientierung zu finden.

So traf man sich vom 15. bis 18. April 1996 in Annecy in Savoyen, wo vor vier Jahrhunderten der hl. Franz von Sales gelebt und gewirkt hat. Kardinal Martini hatte den Vorschlag gemacht, das Thema „Beziehungen" in den Mittelpunkt zu stellen. Er wollte jene Motive erhellen, aus denen sie entstehen, die ihnen Beständigkeit und Reife verleihen, die aber in Grenzsituationen auch ein schmerzliches Loslassen fordern können. Sein Vorschlag entsprang der Absicht, jenes Netz von Beziehungen ans Licht zu rücken, das in besonderer Weise das Leben eines Seelsorgers kennzeichnet und das unter dem Vorrang Gottes und seines Reiches entsteht und sich entwickelt und so zur Mitte der Erfahrung authentisch christlicher Gemeinde wird.

Dafür war der Rahmen dieser Tage sehr förderlich: Die wunderschöne landschaftliche Umgebung, die ausgesprochen herzliche und gastfreundliche Aufnahme in der Pfarr-

gemeinde von Annecy, die enorme Sinnhaltigkeit des Bildes der Heimsuchung Mariens im Evangelium und ganz im Besonderen das Licht, die geistlichen Berührungspunkte und Impulse, die von der Gestalt des heiligen Franz von Sales[2] (1567–1622; Apostel des Chablais, Bischof von Genf mit Sitz Annecy, Seelenführer, Ordensgründer, Kirchenlehrer und Patron der Schriftsteller und Journalisten) ausgehen; all das hat dazu beigetragen, während dieser drei Tage ein Klima der Meditation, des Gebets und des Austausches zu schaffen.
Wir glauben, dass wir anderen helfen können, ob sie nun Seelsorger sind oder nicht, die Welt durch ihre Beziehungen etwas heller werden zu lassen; deshalb möchten wir die Früchte unserer Erfahrung, soweit das möglich ist, an andere weitergeben.

Franco Brovelli

31. Mai 1996
Fest der Heimsuchung Mariens

# Bitte um die Gnade der Heimsuchung

*Franco Gallivanone*[3]

*„Am gleichen Tag waren zwei von den Jüngern auf dem Weg in ein Dorf namens Emmaus, das sechzig Stadien von Jerusalem entfernt ist. Sie sprachen miteinander über all das, was sich ereignet hatte. Während sie redeten und ihre Gedanken austauschten, kam Jesus hinzu und ging mit ihnen ..."* (Lk 24,13–15).

Herr, wir bitten dich um die Gnade, dass wir diese Zeit unseres Aufenthaltes hier in deinem Willen leben. Öffne unsere Augen, damit wir mit großer Klarheit auf unseren Weg schauen können und mit Freude die Gaben erkennen, mit denen du ihn ausgestattet hast, um uns dann wieder unverzüglich und mit brennendem Herzen (vgl. Lk 24,32) gleichsam auf den Weg zurück nach Jerusalem zu machen und dir zu begegnen. So bitten wir dich gleichzeitig für alle Menschen, die du unserem Dienst anvertraut hast, und auch für die anderen jungen Priester unserer Diözese, die an diesen Exerzitien nicht teilnehmen können.

**Unsere Schritte**

Es bedarf wahrlich keiner großen Worte, um uns auf diese dreitägigen Exerzitien einzustimmen, nicht zuletzt weil wir uns in diesem Jahr seit längerem auf diese Tage in Annecy vorbereitet haben. Wir brauchen nur auf unsere

Versammlung zu schauen um den Grund zu erkennen, der uns hier vorne in der Basilika der Heimsuchung zusammengeführt hat. Die meisten von uns haben seit kurzem begonnen als Priester mitten in den Gemeinden zu leben. Damit verbunden war eine ganze Vielfalt von neuen Beziehungen mit Personen aller Altersschichten, unterschiedlicher Bildung und sozialer Herkunft. Es sind zufällige Begegnungen und dauernde Beziehungen, deren Ursprung im Evangelium liegt oder die sich auch aus den sonderbarsten und ungewöhnlichsten Situationen ergeben haben können.

Uns scheint wichtig, dass wir uns von ganz einfachen, aber sehr bedeutsamen Fragen leiten lassen sollten: Was ist passiert? Inwieweit waren die Menschen für uns ein Geschenk? Was haben wir ihnen wirklich gegeben? Was hat uns im tiefsten Innern bewegt? Was ist in den zahlreichen Begegnungen deutlich geworden von uns, unserem Charakter, unseren Erwartungen, unseren Wünschen und unserem Glauben? Wie haben uns diese Erfahrungen verändert? Was ist uns klarer geworden vom Geheimnis Gottes und seinem Wirken in den Herzen der Menschen und von unserer Art, wie wir das fördern und wie wir dem dienen?

Jeder von uns wird merken, dass er ein ganzes Spektrum an Erfahrungen mitbringt, die hinterfragt werden müssen. Vielleicht aber werden wir uns auch bewusst, dass wir wenig Zeit hatten, diese ziemlich vielschichtigen Erlebnisse im rechten Licht zu betrachten. Meist sind wir so gefordert, dass wir eher mit beträchtlicher Willensanstrengung an unsere Aufgaben gehen, statt mit innerem Frieden und Gelassenheit eine Zeit zu leben, in der wir noch

lernen und langsam in die Welt der Beziehungen hineinwachsen, die das Leben eines Seelsorgers prägen, so wie sie vom Evangelium her sein sollten.
Vielleicht aber müssen wir neben zahlreichen Motiven Dank zu sagen, in uns auch Wunden erkennen, Narben, die „Prüfungen“ hinterlassen haben: nicht nur wegen der Mühe das Evangelium zu verkünden, sondern auch aufgrund unserer Schwächen, weil wir etwas anderes gesucht haben, das nicht dem Evangelium und dem Willen Gottes entspricht. Wir werden dies alles nun in den Blick nehmen und darüber nachdenken. So werden wir ein Talent entdecken, das uns geschenkt wurde und das ein langsames Reifen erfordert und sorgsam gehütet werden muss, damit es sich in seiner ganzen Fruchtbarkeit entfalten kann. Ich denke, dass die brüderlichen Beziehungen dieser Tage – und wir wünschen uns von Herzen, dass sie Ausdruck einer authentisch christlichen Gemeinschaft sind – ein förderlicher Rahmen für die Aufarbeitung all dieser Erfahrungen sein können. Diese Exerzitien sind wirklich eine Möglichkeit, dass wir im Tiefsten unseres Herzens etwas von jenem gemeinsamen Leben erfahren, das dank der Gnade in denen aufbricht, die in der Nachfolge des Herrn stehen.

**Eine Heiligkeit „mit offenen Armen“**

Auf der Umschlagseite des Heftes, das uns als Begleitmaterial in diesen Tagen dient, ist ein ausdrucksstarkes Kirchenfenster[4] abgebildet. Der hl. Franz von Sales ist darauf so dargestellt, als wäre er eine lebende Verlängerung des gekreuzigten Herrn: Die ausgestreckte Hand Christi im Augenblick seiner letzten Hingabe scheint weiterzu-

führen in der offenen Hand des Heiligen, der gerade das Wort Gottes verkündigt. Die Heiligkeit des Franz von Sales war sicher eine „mit offenen Armen“. Nachdem er sich in seiner Jugend des öfteren mit Gedanken an einen Gott gequält hatte, den er als Bedrohung empfand und dem gegenüber er sich unsicher fühlte, wurde er ganz allmählich immer mehr mit dem liebenswürdigen Namen Jesu vertraut – und in ihm mit einem Gott, der das Heil aller Menschen möchte. Aufgrund dieser Entdeckung entfaltete sich seine Persönlichkeit, die gelernt hatte in der Dynamik der Liebe Gottes zu leben, und die ihre Kraft aus der innigen Beziehung mit dem gekreuzigten und auferstandenen Herrn schöpfte. So wählte er den Priesterberuf, um Gott auf diese Weise seine Dankbarkeit zeigen zu können, und fasste den Entschluss durch die Liebe der Begegnung zwischen Gott und jedem Menschen zu dienen. Mit vollen Händen verbreitete er den Balsam des Wohlwollens, des Optimismus und der inneren Gelassenheit in vielen Herzen, die verunsichert und von Skrupeln geplagt waren oder sich einem Humanismus zugewandt hatten, dem die Gnade Gottes völlig fremd war. Das vermittelte er aber auch den Menschen, die in sich die Wunden der tiefen Zerrissenheit trugen, zu der es in der Kirche gekommen war.
Diese Heiligkeit „mit offenen Armen“ richtet sich nun an uns: Sie wendet sich an uns, um uns den gütigen Willen Gottes über die Welt bewusst zu machen und unserer Hingabe an die Menschen in unserem Dienst als Seelsorger neue Impulse zu geben. So möchten wir Franz ganz schlicht darum bitten, dass er uns das Geheimnis beibringt, im Licht dieses göttlichen Willens zu verweilen und uns

daran zu gewöhnen, in allen Beziehung mit anderen von Gott auszugehen bzw. mit ihm immer wieder neu anzufangen.

**Ein Ikone, die uns begleitet**

In diesen Tagen wird uns die Ikone der Heimsuchung ständig begleiten. Eine Kopie mit Abbildung der Heimsuchung Mariens wird jetzt einem jeden von uns überreicht.[5] Sie soll in erster Linie eine Erinnerung an diesen Ort sein, wo wir unsere dreitägigen Exerzitien beginnen und abschließen. Sie erinnert uns daran, dass Franz die Entscheidung traf, dass sich das Leben jener Gruppe von Frauen, die sich um ihn und Johanna von Chantal geschart hatte, ab dem Jahre 1610 ständig an diesem Geheimnis orientieren sollte. Diese Ikone weist uns darüber hinaus auf die grundlegende Gnade, die am Beginn des Lebens von Maria steht, die Auserwählte Gottes, wie es ihr durch die Botschaft des Engels verheißen wurde (vgl. Lk 1,26–38). Sie lädt uns aber auch dazu ein, in entsprechender Weise dankbar der wichtigen Gnade zu gedenken, die am Beginn unserer persönlichen Erfahrung steht.

Im Geheimnis der Heimsuchung sehen wir die Fruchtbarkeit dieser Gnade: Sie ist nicht passiv, sondern äußert sich von Anfang an in einer Dynamik, in einem „eilenden Gehen" (vgl. Lk 1,39). Es führt dazu, dass wir festliche Momente und Alltägliches so leben und an andere weitergeben, sodass sie offen werden für das Geschenk der Freude (vgl. Lk 1,44–45). Wir können nie genau sagen, wie groß die Gabe Gottes ist. Manchmal machen uns andere in unerwarteter Weise bewusst, welches Licht in dem steckt, was Gott uns geschenkt hat. Wir wissen wirklich nicht, wie wir den Schwestern und Brüdern danken sollen, die uns mit unseren ungläubigen und erstaunten Augen bisweilen in überraschender Weise durch Gesten und Worte zu verstehen geben, dass sie die Größe dessen empfinden, was Gott in uns gewirkt hat.

**Eine begründete Widmung**

Genau das ist auch der Sinn der Widmung unserer Broschüre. Sie bringt eine tiefe Dankbarkeit zum Ausdruck gegenüber den Männern und Frauen, die uns lehren, den Schatz der Beziehungen im Licht des Evangeliums zu bewahren und zu leben. Es wird uns nicht schwer fallen zuzugeben, dass wir der Hilfe solcher Menschen bedürfen; auch wenn wir vielleicht bekennen müssen, dass wir immer wieder neu erfahren müssen, wie schön es ist, uns anderen anzuvertrauen, um diesen Schatz unserer Beziehungen zu bewahren und immer fruchtbarer werden zu lassen. Wir spüren in der Tat, dass Gott uns diese Gelegenheiten schenkt und dass sie uns nicht fehlen. Uns stehen andere in Freundschaft zur Seite, die stets bereit sind uns zu helfen.

Ich möchte hier ein paar Namen nennen, die uns konkret zur Wahl dieser Widmung veranlasst haben: unser Bischof, nicht zuletzt wegen seiner Botschaft der Wirklichkeit authentisch christlicher Gemeinde, mit einem „Netz von Beziehungen, die auf dem Evangelium gründen, inmitten einer aufgespaltenen Gesellschaft, in der viele Beziehungen von Schwäche und Erschöpfung gezeichnet sind, weil sie überwiegend funktionalen Charakter haben und häufig konfliktbeladen sind", aber auch als Ausdruck des Dankes für seine Bereitschaft diese Tage mit uns zu verbringen. Wir möchten Don Franco für sein Wirken danken; dann auch Don Angelo und Don Romano[6], die immer bereit sind uns auf unserem Weg zu begleiten, in den Zeiten, wenn alles gut geht, aber auch in den Prüfungen und Schwierigkeiten. Diese Liste müssten wir endlos erweitern, mit einer Litanei des Segens für all die vielen Freunde, die unser Leben reich machen.

**Ein Wunsch**

Zum Schluss möchte ich noch einen kleinen, aber doch ganz wichtigen Wunsch äußern. Ich möchte, dass jeder, wenn er heimkehrt, ganz einfach sagen kann: Es gibt jemanden, der mich mag. Auch ich bin wichtig für meine Schwestern und Brüder. Meine Kirche ist von der Liebe des Herrn geprägt; diese Liebe gibt ihr die Anziehungskraft und macht sie zu einer aufmerksamen und liebevollen Mutter – auch für mich. So wünsche ich mir, dass in dieser Atmosphäre herzlicher Geschwisterlichkeit jeder im Tiefsten seines Herzens die Entscheidung treffen kann, Leib und Seele dafür zu geben, damit jeder andere Mensch, der uns anvertraut ist, jemanden findet, der uneigennützig für ihn da ist – im Namen des Herrn.

*„In jenen Tagen*
*machte sich Maria auf den Weg“*
(Lk 1,39)

## Betrachtung der Heimsuchung und der Spontaneität der Beziehungen im Evangelium

## Erste Meditation

**Einführende Worte**
Danken wir zunächst dem Herrn, dass er uns die Gelegenheit gibt, gemeinsam ein paar Tage in der Stille der Natur zu verbringen und nach den Anstrengungen im Dienst während der Vorbereitung auf die Ostertage ein wenig ausruhen zu können. Bitten wir ihn um die Gabe, auf den Wegen des Friedens zu wandeln im Gedenken an den großen Apostel des Gleichmuts des Herzens, den heiligen Franz von Sales. Wir wollen versuchen sein Gedächtnis im Licht jenes Geheimnisses neu aufstrahlen zu lassen, das er mehr als alle anderen geliebt hat, das Geheimnis der Heimsuchung Mariens: „In jenen Tagen machte sich Maria auf den Weg“ (Lk 1,39). Das soll auch das Leitmotiv unserer Exerzitien sein: Auf den Spuren der Heimsuchung.
Diese Tage sollen thematisch an die früheren Pilgerfahrten – nach Ars, Taizé, Loyola, La Salette, Avila u.a. – anknüpfen, die darauf gerichtet waren über das Reifen des

Priesters nachzudenken, wenn er die Gläubigen auf ihrem Weg durch die Wüste führt. Die Betrachtung der Heimsuchung wird uns bei dieser Reflexion weiterhelfen. In der Heimsuchung Mariens liegt nämlich das Geheimnis einer zwischenmenschlichen Begegnung im Gehorsam gegenüber dem Willen Gottes. So können wir unseren Tagen auch einen Untertitel geben: den Willen Gottes suchen in den Beziehungen und Begegnungen im Alltag. Unser Dienst besteht ja aus einem ganzen Netz von Beziehungen mit Gott und den Menschen.

Die Beziehung mit Gott beinhaltet unsere unmittelbare Verbindung mit dem dreifaltigen Gott (im Gebet, in der Meditation, beim Beten des Breviers, bei der Feier der Eucharistie und der Sakramente). Natürlich sind wir immer in Gemeinschaft mit vielen anderen Menschen; dennoch steht selbst in der Eucharistie, die ja für die Gläubigen gefeiert wird, die Beziehung mit dem Vater, dem Sohn und dem Heiligen Geist im Vordergrund.

In den menschlichen Beziehungen steht der Kontakt von Mensch zu Mensch bzw. von einer Person zu einer Gruppe im Vordergrund (in der Pfarrgemeinde, in der Kirche, bei Besuchen in den Familien oder bei Kranken, in der geistlichen Begleitung anderer, im Beichtstuhl oder im Beichtgespräch), wenngleich wir auch das vor Gott leben. Es gibt viele Beziehungen, die äußerlich gesehen in erster Linie andere Menschen betreffen, doch diese beiden Dimensionen, die göttliche und die menschliche, sind eng miteinander verbunden und bereichern sich gegenseitig.

So können wir uns fragen: Welche Verbindung besteht zwischen den Beziehungen mit anderen Menschen und der Beziehung mit Gott? Welcher Zusammenhang besteht zwischen den menschlichen Beziehungen und meinem persönlichen geistlichen Weg mit Gott? Wie wirken sich diese menschlichen Beziehungen auf meine eigentliche Arbeit als Seelsorger aus? Mit anderen Worten: Wie kann der Priester all das, was mit den menschlichen Beziehungen zusammenhängt, wirklich vor Gott leben? Diese Fragen sollten wir bei der Lesung der Texte aus der Heiligen Schrift vor Augen haben, bei denen wir jeweils innehalten, aber auch bei unseren Gedanken über die Gestalt des heiligen Franz von Sales.

Im Grunde geht es darum einige Themen aus meinem letzten Hirtenbrief „*Gehen wir neu von Gott aus!*" wieder aufzugreifen: Wie leben wir die menschlichen Beziehungen unter der Prämisse, dass Gott den ersten Platz in unserem Leben einnehmen soll? Wie können wir sie als Momente echter christlicher Gemeinschaft erfahren? Diese Beziehungen schaffen nämlich ein Netz von Verbindungen, das seinen Ursprung im Evangelium hat, wenn wir sie unsererseits nicht banalisieren und diese Chancen nicht vertun, indem wir sie in die Routine des Alltags oder gar in destruktive bittere Beziehungen abgleiten lassen, aus denen keine tiefe echte Freundschaft entstehen kann.

Stellen wir unsere Arbeit unter den Schutz des heiligen Bischofs von Genf, der ein wirklich vorbildlicher Meister im Blick auf die menschlichen Beziehungen war, ein Mann, der sich in der Gesellschaft zu bewegen wusste, aber gleichzeitig auch ein Vorbild ist in seiner Beziehung mit Gott. Wenn wir aufs Neue seine Briefe lesen und an sein leidenschaftliches Wirken als Seelsorger denken, dann ist es nicht schwer die Feinfühligkeit, Aufrichtigkeit, Zuverlässigkeit und den Edelmut zu erspüren, die all seine Beziehungen prägten. Das wird in besonderer Weise in den Briefen deutlich, die er an die unterschiedlichsten Menschen geschrieben hat, vom Hochadel bis zum einfachsten Mitbürger. In jedem dieser Briefe zeigt sich seine erlesene, freundliche, zurückhaltende und liebevolle Gesinnung, wie sie einem Mann von wahrem Adel eigen ist. In seiner *Abhandlung über die Gottesliebe*, dem *Theotimus*, spricht er in einer bewundernswert schönen Weise über die unmittelbare Beziehung mit Gott und wie diese Beziehung mit dem Herrn tief, zärtlich, leidenschaftlich, konstruktiv und in ihrer Entwicklung fast unerschöpflich sein kann. Ich zitiere einen Abschnitt aus einem Brief, in dem sehr schön deutlich wird, wie er seine Beziehungen unter dem Vorrang Gottes gelebt hat:

> „Es ist Tatsache, dass es wohl kaum jemand auf der Welt gibt, der herzlicher, zärtlicher, und – um es ganz einfach zu sagen – liebevoller liebt als ich; denn es hat Gott gefallen mein Herz so zu machen. ... Was nicht Gott ist, ist nicht für uns ... aber es ist eigenartig, wie ich alles das in Einklang bringe, denn ich meine, dass ich gar nichts liebe als Gott und alle Seelen um seinetwillen."
>
> (An Johanna von Chantal, Annecy 1620 oder 1621; DASal 5,364f)

Da bringt er zwei Dinge zusammen, die fast im Widerspruch zueinander stehen: Er spürte, dass er alle menschlichen Beziehungen liebte, und dennoch war ihm bewusst, dass Gott alles ist und dass alles unter seinem Vorrang steht. Ein solch verwirklichtes Leben auf der menschlichen und göttlichen Ebene verdient es hervorgehoben und verstanden zu werden, weil sie ein leuchtendes Vorbild für alle Zeiten ist. Wir werden deshalb über die Gestalt des Franz nachdenken, allerdings im Licht des Geheimnisses der Heimsuchung, über das er zu Johanna von Chantal sagte:

> „Meine Tochter, ich bin ganz inmitten dieser lieben Heimsuchung, in der unser Heiland im Schoße seiner heiligen Mutter gleich einem jungen Wein diese herzliche Liebe allseits aufwallen lässt."
>
> (An Johanna von Chantal, Juli 1611; DASal 5,227)

Ich wollte den allgemeinen Kontext in Erinnerung rufen, die Struktur der Bezugspunkte und Themen, die uns begleiten werden. Diese Reflexionen könnten natürlich auf verschiedene Weise systematisch geordnet werden: Wir können uns an Franz inspirieren, indem wir seine Schriften – die *Philothea*, den *Theotimus*, die *Briefe*, *Geistliche Gespräche* und *Predigten* – so analysieren, dass uns klar wird, wie er die Beziehungen in der Seelsorge auffasste. Wir können über sein Leben meditieren um zu ergründen, wie er das umsetzte, wie er mit anderen Bischöfen, den Priestern, der Gesamtheit der Gläubigen, den Häretikern und Ungläubigen umging, wie er sich gegenüber Ordensfrauen und Müttern in der geistlichen Begleitung verhielt. Ein anderer Weg wäre, dass wir uns vor allem am Evangelium orientieren und die Art und Weise anschauen, wie Jesus Beziehungen knüpfte und pflegte. Die Erscheinungen des Auferstandenen – die wir in der Liturgie während der österlichen Zeit betrachten – sind ja wunderbare Beispiele für die Beziehungen in der Seelsorge. Der Auferstandene lehrt uns, wie wir uns kennen lernen, füreinander interessieren, Beziehungen wieder neu knüpfen, Personen in Schwierigkeiten trösten, wie wir einer zerstreuten und müde gewordenen Gemeinde neues Leben geben können. Ich möchte beide Wege wählen, ohne dem einen oder anderen den Vorzug zu geben: Ich werde teilweise auf das Evangelium zurückgreifen und teilweise auf unseren Heiligen, aber ich will auch versuchen all das aufgrund unserer eigenen Erfahrungen neu zu interpretieren.

## Lesung des Geheimnisses der Heimsuchung (Lk 1,39–56)

### Stil und Inhalt des Textes

Die Episode vom Besuch Marias bei ihrer Cousine Elisabeth schildert Lukas im ersten Kapitel ab Vers 39: „In jenen Tagen machte Maria sich auf den Weg und eilte in eine Stadt im Bergland von Judäa“ bis Vers 56: „Maria blieb etwa drei Monate bei ihr, dann kehrte sie nach Hause zurück“. Dazu gehört auch das *Magnificat*, auf das wir hier nicht näher eingehen. Dieser Abschnitt wird traditionell mit dem Begriff *Heimsuchung* bezeichnet, obwohl dieses Wort als solches an dieser Stelle gar nicht vorkommt. Es findet sich hingegen in einem benachbarten Kontext, am Beginn des Lobgesangs des Zacharias, wo Gott gepriesen wird, weil er sein Volk heimgesucht hat (Lk 1,68). In der Sprache der Heiligen Schrift bedeutet Heimsuchung so viel wie Besuch Gottes, Gottesbegegnung. Wenn wir das

Geheimnis der Heimsuchung betrachten wollen, müssen wir es in den Kontext dieses größeren Geheimnisses stellen. Interessant ist, dass „heimgesucht hat" im Griechischen *epesképsato* heißt, womit auch ein Bezug zur Gestalt des *epískopos*, des Bischofs, gegeben ist; von daher kann man sogar einen Zusammenhang mit einer der wichtigen Tätigkeiten eines Bischofs herstellen, der Visitation, dem Pastoralbesuch.

Am Ende des Lobgesangs des Zacharias kommt der Begriff noch einmal vor: „Durch die barmherzige Liebe unseres Gottes wird uns heimsuchen (*episképsetai*) das aufstrahlende Licht aus der Höhe" (Vers 78). Das Motiv der Heimsuchung wird zu einer Inklusion, am Beginn und Ende des *Benedictus*, und deutet so auf die Dankbarkeit, den Lob und Dank an Gott für seine Heimsuchung.

Lukas, der sich dieses Vokabulars gern bedient, präzisiert seine Bedeutung noch: In Lk 7,16 heißt es nach der Auferstehung des Sohnes der Witwe von Naïn: „Schauder ergriff alle; sie priesen Gott und sprachen: Ein großer Prophet ist unter uns aufgestanden, und Gott hat sein Volk heimgesucht (*epesképsato*)." In dem Lobgesang des Zacharias wird der „Besuch" Jesu angekündigt, der mitten unter den Menschen wandelt, heilt und Gutes tut.

In Lk 19,44 kehrt der Begriff wieder, diesmal aus dem Munde Jesu, als er über Jerusalem weint: Wehe dir, viele Drangsale werden über dich kommen, „weil du die Zeit deiner Heimsuchung (*tês episkopês sou*) nicht erkannt hast".

In der Sprache des Lukas wird deutlich, dass der Besuch Marias bei Elisabeth gleichsam ein Vorlauf jener Heimsuchung ist, in deren Mittelpunkt Jesus steht: „Gebenedeit ist die Frucht deines Leibes“ (Lk 1,42). Es ist der Besuch, den der Herr seinem Volk macht durch die Mittlerschaft Mariens, die in dieses Geheimnis hineingenommen wird. Die Episode der Heimsuchung könnte in diesem Sinne als Begegnung zweier Mütter bezeichnet werden, die einander erkennen, die eine als Mutter des Messias, die andere als Mutter des Johannes.

## Struktur und Lesung

Nachdem wir Stil und Inhalt des Textes allgemein charakterisiert haben, lesen wir ihn noch einmal und beginnen damit ihn in drei Abschnitte zu gliedern, und zwar jeweils nach den sich ändernden Subjekten: Maria (Verse 39–40), Elisabeth (Verse 41–45), Maria (Verse 46–56). Hinter den beiden Personen Maria und Elisabeth kann man auch Jesus und Johannes sehen.

*1. In jenen Tagen machte sich Maria auf den Weg und eilte in eine Stadt im Bergland von Judäa. Sie ging in das Haus des Zacharias und begrüßte Elisabeth (Verse 39–40).*

„*In jenen Tagen*“, das bezieht sich auf das Wort des Engels, der Maria erschienen war und ihr im Blick auf Elisabeth gesagt hatte: „Sie hat noch in ihrem Alter einen Sohn empfangen und ist jetzt schon im sechsten Monat“. – „In jenen Tagen“, damit wird ein Bezug hergestellt zu diesem sechsten Monat und dieser Hinweis klingt im Vers 56 wieder an: „Maria blieb etwa drei Monate bei ihr“, also in der letzten Phase der Schwangerschaft bis zur Geburt des Täufers. Wir können uns die Frage stellen: War Maria bei der Geburt dabei oder nicht? Vom Text her scheint das nicht so zu sein, denn da wird bemerkt: „Sie kehrte nach Hause zurück." Wir wissen jedoch, dass Lukas seine Personen nacheinander auftreten lässt, und dann lässt er sie an die Seite treten um zu einer anderen Geschichte überzugehen, in der sich die Szene ändert. Es wäre ja tatsächlich merkwürdig, dass Maria vor der Geburt heimgegangen ist.

„*Maria machte sich auf den Weg*": Das sagt sich so einfach, doch die Entscheidung sich auf den Weg zu machen war sicherlich nicht leicht. In der damaligen Zeit war es gefährlich sich auf eine Reise zu begeben, im Besonderen für eine allein stehende verlobte Frau, die sich einem Mann versprochen hatte. Wir sehen hier eine Spontaneität in der Entscheidung, der sich viele Vernunftgründe entgegenstellten. Maria war eindeutig angetrieben von etwas, denn es heißt weiter im Text: „Sie eilte in eine Stadt im Bergland von Judäa". Ambrosius kommentiert diese Worte so: „*Nescit tarda molimina Spiritus sancti gratia*" – die Gnade des Heiligen Geistes duldet keinen Aufschub. So bekommen wir eine Ahnung, dass es der Heilige Geist ist, der Maria bewegt und ihr eine solche innere Freiheit, eine solche Kraft in der Überwindung konventionellen Verhaltens schenkt. Vielleicht hat der Evangelist gerade deshalb dieses Motiv der Eile so ausdrücklich betont. Lassen wir uns ein auf ein Gespräch mit Maria und fragen wir sie: Weshalb bewegst du dich in einer solchen Eile? Was bedeutet dieses *Eilen*? Wenn wir uns ein wenig tiefer in das Herz Marias hineindenken, so glaube ich, können wir neben dem Wirken des Geistes, das ihr diese Spontaneität, Freiheit und Kraft gibt, auch den Wunsch erkennen das

Zeichen einer Bestätigung für ihr Geheimnis zu finden. Die Botschaft des Engels bei der Verkündigung beinhaltete ein Geheimnis, mit dem sehr schwer zu leben war und das sich nicht leicht mitteilen ließ; und man hat den Eindruck, dass Maria mit niemandem darüber gesprochen hatte. Von daher ihr Bedürfnis mit jemandem Kontakt aufzunehmen und es mitzuteilen und eine Bestätigung zu finden für die Botschaft, die sie empfangen hatte – auf der Spur dessen, was Gottes Wille war.

Natürlich war in Maria auch der Wunsch lebendig zu dienen und ihrer alten Cousine beizustehen. Schon beginnen sich die Motive einer echten tiefen menschlichen Beziehung abzuzeichnen; und diese Motive beruhen auf Gegenseitigkeit. Maria möchte ihrer Cousine beistehen und gleichzeitig sucht sie selbst Hilfe. Maria kann Hilfe anbieten, weil sie versteht, was in Elisabeth geschehen ist; sie weiß es als ein göttliches Geschehen zu deuten, während die anderen in ihrer Umgebung es als eine biologische Anomalität angesehen haben werden (Lukas schreibt, dass Elisabeth mit niemandem über ihre Schwangerschaft sprach). Gleichwohl hofft Maria, dass auch sie verstanden wird. In einer echten Beziehung versteht der eine den anderen, jeder wird selbst zutiefst verstanden. Nach meinem Dafürhalten ist es diese Gegenseitigkeit in der Beziehung, aus der dann das *Magnificat* hervorgeht.

*„Eine Stadt im Bergland von Judäa"*, in Richtung Gebirge. Der Name der Stadt wird nicht genauer bezeichnet, aber es dürfte der wunderschöne Ort Ain Karim sein, der nicht weit von Jerusalem zwischen dem Hügelland und der Wüste liegt.

*„Sie ging in das Haus des Zacharias und begrüßte Elisabeth."*

Ein Gruß nach orientalischem Brauch, mit vielen ehrerbietigen Worten, aber vielleicht auch ein Gruß, der auf die Gnade anspielte, die Elisabeth empfangen hatte: das Kind, das ihr geschenkt wurde. Jedenfalls weckt dieser Gruß die Freude ihrer Cousine, ja mehr noch: lässt sie geradezu überströmen. Es ist wirklich eine Begegnung von Herz zu Herz.

2. *Als Elisabeth den Gruß Marias hörte, hüpfte das Kind in ihrem Leib. Da wurde Elisabeth vom Heiligen Geist erfüllt und rief mit lauter Stimme: Gesegnet bist du mehr als alle anderen Frauen und gesegnet ist die Frucht deines Leibes. Wer bin ich, dass die Mutter meines Herrn zu mir kommt? In dem Augenblick, als ich deinen Gruß hörte, hüpfte das Kind vor Freude in meinem Leib. Selig ist die, die geglaubt hat, was der Herr ihr sagen ließ* (Verse 41–45).

Die Reaktion Elisabeths wird im Text in drei gleichzeitigen Geschehnissen beschrieben: das Hören des Grußes, der Jubel des Kindes in ihrem Schoß und die Fülle des Geistes, von dem Elisabeth ganz durchdrungen wird. Es ist sozusagen ein dreifach segensreicher Effekt der tiefen und echten Beziehung, die Maria durch ihren Gruß hergestellt hat. Aus dieser Begegnung ergeben sich zwei prophetische Wirkungen: Zum einen kann Johannes durch die Gegenwart Jesu in Maria, die in ihren Gruß so viel Wahrheit, Schönheit und Kommunikationsfähigkeit hineinlegt, Jesus erkennen; zum anderen ist Elisabeth voll von prophetischem Geist, der sie die Bedeutung des Augenblicks und die Mutterschaft ihrer jungen Cousine erkennen lässt. All das geht weit über eine Beziehung auf rein psychologischer Wellenlänge hinaus. Hier stehen wir zweifellos vor einem Geheimnis der Verheißung, das aber über die Schiene einer menschlichen Begegung läuft. Ein Geheimnis, das von Jesus selbst getragen ist, der den Sinn des Lebens offenbart hat, der die Bedeutung kleiner alltäglicher, sehr vertrauter Situationen aufzeigt und ihnen den Horizont des Heils verleiht.

Das Wirken des Geistes, der Elisabeth erfüllt, ist zugleich ein Aufjubeln in einem großen Segensspruch und in einer Seligpreisung: „*Gesegnet bist du mehr als alle anderen Frauen und gesegnet ist die Frucht deines Leibes. ... Selig ist die, die geglaubt, dass sich erfüllt, was der Herr ihr sagen ließ.*“ Welch reicher Sinngehalt steckt in diesen Worten des Lobes! Bei der Meditation eines solch tiefen Geheimnisses war Franz von Sales im Innersten ergriffen; und er wünschte sich, dass seine Töchter so vom Geist der Verheißungen Gottes, der Einfachheit, Freude und Durchdringung der Herzen erfüllt sein sollten, wie das Elisabeth widerfahren ist. „*Gesegnet bist du mehr als alle anderen Frauen und gesegnet ist die Frucht deines Leibes!*“ Elisabeth weiß, dass Maria Mutter ist; sie hat verstanden, was sie vorher nicht wusste und worüber Maria mit niemandem gesprochen hatte. „*Wer bin ich, dass die Mutter meines Herrn zu mir kommt?*“ Das ist Ausdruck der Demut, es ist die Anerkennung, dass die Mutterschaft Marias von unsagbarer Erhabenheit ist. „*In dem Augenblick, als ich deinen Gruß hörte, hüpfte das Kind vor Freude in meinem Leib.*“ Elisabeth deutet aus dem biologischen Faktum eine Verbindung mit ihrem Sohn Johannes. Sie hat begriffen, dass das, was in Maria geschehen ist, mit dem Glauben, mit einer Botschaft Gottes zusammenhängt: „*Selig ist die, die geglaubt hat...*“. Die

Erkenntnis, zu der diese einfache Frau gelangte, als Maria sie grüßte, ist ein erstaunliches Wunder. Das ganze marianische Geheimnis wird uns hier dargelegt: Maria und Jesus, Maria und Johannes, Maria in ihrem Glauben, in ihrem Muttersein, in ihrem Gehorsam gegenüber der Stimme Gottes. Wir können sagen, dass gerade hier, in einem Text des Neuen Testaments, die Marienverehrung ihren Anfang genommen hat und zwar aufgrund der Stellung, die Maria im Heilsplan Gottes einnimmt. Es ist eine Verehrung, die von einem menschlichen Geschöpf zum Ausdruck gebracht wird. In der Episode der *Verkündigung* betrachten wir das Geheimnis Marias, das von ihr gelebt wird; in der Episode der *Heimsuchung* hingegen betrachten wir eine andere Frau, die dieses Geheimnis wahrnimmt und einen Lobpreis darauf anstimmt. Sie ist die Erste von all denen, die sie von Generation zu Generation selig preisen werden (vgl. Lk 1,48). Elisabeth bringt sie sogar in Verbindung mit Abraham, dem Vater der Glaubenden, der an die Erfüllung der Verheißungen Gottes geglaubt hat. So ist aus einem Gruß, aus einer Begegnung, aus einer Beziehung der Güte, der Ehrerbietung und Achtung ein großes Geheimnis entstanden.

3. *Da sagte Maria: Meine Seele preist die Größe des Herrn* ... (Verse 46–56).

Der schönste Teil der Erzählung, von dem wir nur ein wenig kosten und den wir nicht meditieren können, ist das, was in Maria geschieht, was sie in ihrem Herzen gelebt hat, bis zum Moment des Besuchs bei ihrer Cousine: ein unausprechliches, aber menschlich gesehen sehr belastendes Geheimnis. Auch uns passiert es, dass wir bedrückende Lasten zu tragen haben, die wir nicht mitteilen können: Probleme, unermessliches Leid, das andere uns anvertraut und in das sie uns Einblick gewährt haben. Von daher dürfte es nicht schwer fallen Maria hier ein wenig zu verstehen, die ein wunderschönes, aber dennoch sehr belastendes Geheimnis in sich trug: ihre Jungfräulichkeit, ihre Beziehung zu Josef, die neue Bestimmung ihres Lebens, das Geheimnis, in das sie nun hineingenommen wurde und das sich im Kreuz und in der Auferstehung ihres Sohnes vollständig offenbarte. Da fühlt sie sich nun plötzlich verstanden und merkt, dass eine andere Person von ihrem Geheimnis weiß, ohne irgendwelcher Erklärungen zu bedürfen. Diese Person bestätigt ihr und sichert ihr zu, dass sie gut daran getan hat Vertrauen zu haben, als wolle sie sagen: „Nur Mut, ich hab dich verstanden. Du brauchst keine Angst zu haben. Du bist auf dem richtigen Weg. Ich selbst bekomme ein Kind."

Da bricht in Maria ihrerseits ein Lobgesang auf, in dem all das zum Ausdruck kommt, was sie für sich behalten hatte, weil niemand dessen Bedeutung verstehen konnte. Das *Magnificat* ist der Höhepunkt einer tiefen Begegnung, in der nun all das zum Ausdruck kommen kann, was Maria in ihrem Herzen bewahrt hatte. Hier können wir auch an Situationen in unserem Lebensumfeld denken, die uns belasten, aber dann, wenn wir sie im richtigen Moment äußern, zu einer Quelle der Wahrheit werden.

**Impulse für die Meditation über das Geheimnis der Heimsuchung**

Für euer Gebet und euer Nachdenken möchte ich euch eine Hilfestellung geben. Dabei lasse ich mich von einigen Äußerungen des heiligen Franz von Sales leiten und gebe euch drei Anregungen für die Meditation.

*1. „... wie sie [Maria] mit wenigen, aber ganz wunderbaren Worten ihren heiligen Lippen den Honig und kostbaren Balsam entströmen ließ; denn wovon sonst konnte sie überströmen als von dem, wovon sie ganz erfüllt war? Nun war sie aber ganz von Jesus erfüllt."*

(An Johanna von Chantal, Juli 1611; DASal 5,227)

Mit der ihn kennzeichnenden Einfachheit versucht Franz das Geheimnis der Heimsuchung zu umschreiben. Wenn wir diese Worte für uns übersetzen, so können wir sagen, dass die Beziehung in der Seelsorge, wofür die Begegnung zwischen Maria und Elisabeth modellhaft steht, eine *konstruktive Beziehung* ist, aus der die oft unscheinbaren, ritualisierten, bisweilen bedrückenden, ärgerlichen und aufreibenden Situationen im Alltag einen Sinn erhalten können. Gerade die Beziehungen in der Seelsorge sollten Grundlagen der Sinngebung stiften, damit die Geschehnisse des Alltags – wie eine Begegnung zwischen zwei Müttern – Perspektiven bekommen und reich werden an Hoffnung.

Darüber hinaus ist es eine *trostspendende Beziehung*, die das in den hintersten Winkeln des Alltäglichen verborgene Heil offenbar macht und zeigt, wie letztlich in allem

Sinn und Heil liegt; deshalb lohnt es sich auch die Mühsale und Schwierigkeiten im Leben anzunehmen. Die Beziehung in der Seelsorge ist nämlich die Frucht von Jesus im Herzen (Maria war „ganz von Jesus erfüllt"), von Jesus, der das Heil wirkt in mir und der meinen Erfahrungen Sinn verleiht; von daher fällt es mir leichter den Erfahrungen der anderen einen Sinn zuzumessen. In dem Zusammenhang fällt mir eine Bemerkung des Paulus im Brief an die Philipper ein. Nach dem wunderschönen Christus-Hymnus – vielleicht der erhabenste im ganzen Neuen Testament –, der in tiefgründiger Weise die Konsequenzen des Glaubens zum Ausdruck bringt („Seid untereinander so gesinnt, wie es dem Leben in Christus Jesus entspricht: Er war Gott gleich, hielt aber nicht daran fest, wie Gott zu sein, sondern er entäußerte sich ..." Phil 2,5–7), geht der Apostel auf die Dinge des Alltags ein und schreibt: „Liebe Brüder, ihr wart ja immer gehorsam ...: Wirkt euer eigenes Heil mit Furcht und Zittern. [...] Tut alles ohne Murren und Widerstreben" (2,12.14). Das mag zunächst wie eine nebensächliche Bemerkung erscheinen, doch wenn wir sie im Licht des Hymnus der Erniedrigung und Erhöhung Jesu interpretieren, dann wird deutlich, dass sie uns im Sinnzusammenhang des gekreuzigten und auferstandenen Herrn den Wert der alltäglichen Situationen vor Augen führen kann.

Wenn wir unseren Alltag so leben, dass wir uns ständig bei Gott beklagen über das, was passiert, und über die anderen, so ist das genau das Gegenteil von diesem alles „ohne Murren und Widerstreben" tun. Im Übrigen lässt sich diese Bemerkung des Paulus auch auf das Geheimnis der Heimsuchung beziehen: „Tut alles ohne Murren und

Widerstreben", das heißt, findet die Freude, die in den unscheinbaren Situationen eines jeden Tages verborgen ist, und betrachtet sie in einem größeren Geheimnis. Das ist eine erste Auswirkung dieses Geheimnisses: Maria ließ „ihren heiligen Lippen den Honig und kostbaren Balsam entströmen", die die Wunden des Alltags heilen und die Last eines jeden Tages leicht werden lassen.

*2. Was unsere glorreiche Herrin vor allem veranlasste, diese Reise [zu ihrer Verwandten Elisabeth] zu machen, das war ihre überaus glühende Liebe und eine sehr tiefe Demut.*

(Predigt zum Fest der Heimsuchung Mariens, 2. Juli 1618; DASal 9,270)

Der Impuls Marias, der, wie wir zu verstehen versucht haben, auch auf dem Wunsch beruhte, eine Bestätigung für ihr Geheimnis zu finden, entspricht in jedem Fall ganz dem Willen Gottes. Wenn wir die Aussage des Heiligen für uns übersetzen, so können wir daran erinnern, dass die Beziehungen in der Seelsorge konstruktiv sind, wenn wir dabei in jeder Hinsicht den Willen Gottes suchen, ohne irgendwelche Hintergedanken, sodass wirklich Gott selbst das Fundament von allem ist.

Diese Beziehungen enthalten zwei Elemente: Einerseits fühlt man sich völlig Gott hingegeben und tritt in Beziehung mit den anderen, weil Gott das so will; andererseits bereichert die Motivation durch den Willen Gottes die Beziehungen so tief, dass sie eine außergewöhnliche Herzlichkeit bekommen. Das ist die Art, wie Franz von Sales die Beziehungen lebte, wie es zahlreiche Briefe belegen. Aus den vielen wähle ich einen Brief an die Baronin von

Chantal aus, in dem Franz nach dem Tod des Barons über gemeinsam getroffenen Entscheidungen spricht und ihr schreibt:

> Sie können gar nicht glauben, wie sehr mein Herz in unseren Entschlüssen bestärkt wird und wie alles zu dieser Bestärkung beiträgt. Ich empfinde darüber eine außerordentliche Freude, wie auch über die Liebe, die ich zu Ihnen hege; denn ich liebe unvergleichlicherweise diese Liebe. Sie ist stark, ohne Wanken, ohne Maß und ohne Vorbehalt, aber köstlich, leicht, ganz rein, ganz ruhig; kurz, wenn ich mich nicht täusche, ganz in Gott. Warum also sollte ich sie nicht lieben? Aber wohin komme ich? Ja, ich werde diese Worte nicht auslöschen; sie sind ganz wahrhaftig und ungefährlich. Gott, der in die innersten Falten meines Herzens sieht, weiß, dass nichts darin ist, was nicht für ihn und seinem Willen entsprechend ist. Ich will mit Hilfe seiner Gnade ohne ihn niemand etwas sein und niemand soll auch mir etwas sein. In ihm aber will ich diese einzigartige Zuneigung nicht nur bewahren, sondern auch recht liebevoll nähren.
>
> (An Johanna von Chantal, Thonon, 7. Juli 1607; DASal 5,145f)

Der heilige Franz von Sales macht hier deutlich, dass alles von Gott her motiviert ist und dass alles mit Starkmut und in der Wahrheit gelebt wird.

*3. Die dritte Anregung für die Meditation entnehme ich der Seligpreisung, die Elisabeth ausruft: „Selig ist die, die geglaubt hat“* (Lk 1,45).

Das würde ich für uns so übersetzen: Der Glaube an das Heil Gottes, also der Vorrang Gottes, bildet auch die Basis der echten Beziehungen in der Seelsorge; er ermöglicht sie und bringt sie selbst in Momenten der Mühsal und Prüfung weiter voran.
Ich möchte nun schließen mit einem Text von Paulus, in dem er – nachdem er die Schwächen des Apostels aufgezählt hat: „Diesen Schatz tragen wir in zerbrechlichen Gefäßen ... wir werden in die Enge getrieben ... wir wissen weder aus noch ein ... wir werden gehetzt ... wir werden niedergestreckt ... immer tragen wir das Todesleiden Jesu an unserem Leib ...“ (2 Kor 4,7–10; vgl. Verse 11–12) – bekräftigt:

*„Doch haben wir den gleichen Geist des Glaubens, von dem es in der Schrift heißt: ‚Ich habe geglaubt, darum habe ich geredet.‘ Auch wir glauben und darum reden wir. Denn wir wissen, dass der, welcher Jesus, den Herrn, auferweckt hat, auch uns mit Jesus auferwecken wird und uns zusammen mit euch (vor sein Angesicht) stellen wird“* (2 Kor 4,13–14).

Aus diesem Glauben, aus dem Glauben Marias, entstehen die echten Worte, die dann in eine pastorale Dynamik eintreten, die jene tiefe Gemeinschaft der Herzen stiften kann, die zwischen Maria und Elisabeth gelebt wurde und sich auch in der Seelsorge, in unserem Dienst als Priester verwirklichen kann.

*Das Heil kommt vom Herrn*

# Eine wunderbare Definition authentisch christlicher Gemeinde

## Erste Predigt[7]

Meine ganze Dankbarkeit gilt zunächst Seiner Exellenz, dem Bischof von Annecy und Nachfolger des heiligen Franz von Sales, der uns mit so herzlicher Gastfreundschaft in seiner Diözese und in seiner Kathedrale aufgenommen hat. Er hat uns seinen Platz im Dom gegeben und seinen Bischofsstab geliehen. Wir fühlen uns mit ihm und seinen Intentionen tief verbunden, im Besonderen in dem Anliegen der Berufungen. Dann richte ich meinen Dank auch an den Dompfarrer dieses Gotteshauses, in dem wir zu Gast sind, und an all jene, die an unserer Liturgiefeier und Anbetung Gottes teilnehmen.
Es ist wirklich bewegend in der Kathedrale des heiligen Franz zu sein, seiner Priesterweihe zu gedenken, die er hier am 18. Dezember 1593 empfing, und sich seinen bischöflichen Dienst zu vergegenwärtigen, den er hier von 1602 bis zu seinem Tode 1622 ausübte. Da bekäme man Lust, die Augen ein wenig zu schließen und zu beginnen, ihm zuzuhören und sich vorzustellen, wie er predigend über die Geheimnisse Gottes nachdachte. Umso mehr, wenn man bedenkt, dass er sein Amt mit einem großen

Kummer im Herzen lebte: Er führte das Leben eines Bischofs, der aus seiner Diözese verbannt wurde, und das war sicherlich sehr schmerzlich. Sein Leben war nicht einfach die Geschichte eines Bischofs, der ein eifriger Prediger war, sondern das eines Hirten, der abgelehnt wurde und in seiner Kathedrale in Genf nie den Gottesdienst hat feiern können.

Gerade deswegen schätzen und bewundern wir die Feinfühligkeit, die Freude, den inneren Frieden und den konstruktiven Geist, all das, was von seinen Worten und Taten ausstrahlt. Obwohl er mit nicht gerade rosigen Aussichten im Blick auf die Zukunft alle Gründe gehabt hätte betrübt und entmutigt zu sein, gelang es ihm mit der Geduld und dem Eifer einer Ameise seine Diözese Schritt für Schritt wieder aufzubauen. Dabei dankte er Gott für die kleinen Erfolge, die er verbuchte, und auch dafür, dass er in diesem Gotteshaus beten konnte, das nicht sein Bischofssitz war, aber ihn trotzdem beherbergte und ihm die Möglichkeit gab sein Priestersein zu leben. Franz von Sales bietet uns ein wunderbares Beispiel dafür, wie all das, was im Willen Gottes geschieht, am Ende zum Guten führt. All das, was als Wille Gottes angenommen wird, ist letztlich immer konstruktiv.

**Eine Menge mit „einem Herzen und einer Seele“**

Der Abschnitt aus der Apostelgeschichte (4,32–37), den wir gehört haben, spricht von dem großen Bauwerk Gottes, das die christliche Gemeinschaft ist, als authentisch christliche Gemeinde verstanden – im Gegensatz zu einer egoistischen und orientierungslosen Gesellschaft. Nach der ersten Beschreibung in Kapitel 2,42 („Sie hielten an der Lehre der Apostel fest und an der Gemeinschaft, am Brechen des Brotes und an den Gebeten.“) wird uns jetzt gesagt, dass authentisch christliche Gemeinde sein bedeutet eine Menge mit „einem Herzen und einer Seele“ zu sein. Eine Menge, das heißt viele, für die die gängigen Verhaltensweisen gelten, die einer Masse eigen sind: Neid, jeder will die Sachen des anderen haben, und aus mangelnder Zivilcourage entstehende Konflikte. Die Menge der Gläubigen dagegen ist wundersamerweise ein Herz und eine Seele und niemand nennt die Güter, die ihm gehören, sein Eigen; unter ihnen herrscht eine vollständige Gütergemeinschaft.

Es gibt also ein „*Mehr*“, etwas „*von oben*“, wodurch das soziale Konfliktpotenzial umgewandelt wird, das sicherlich auch in der Urgemeinde vorhanden war; denken wir nur an Hananias und Saphira sowie an die verschiedenen Berichte über Auseinandersetzungen. Die authentisch christliche Gemeinde ist demnach kein Idyll oder irdisches Paradies, sondern eine Gemeinschaft, die sich durch das Wort Gottes und durch das Wirken des Geistes ständig neu bekehrt. Und genau das ist das Wunder, das der Herr in den Händen des heiligen Franz von Sales geschehen ließ: Um ihn herum entstand damals ein Netz von Beziehungen, das auf Güte, Vergebung und auf der Einfachheit des Herzens gründete. Es vollzog sich in seinen Händen dank der Gnade Gottes und wurde zur Wirklichkeit als eine von tiefen Freundschaften verbundene Gemeinde und später als Diözesangemeinschaft, die sich nach und nach fast aus dem Nichts heraus wiederherstellte.

In diesem Dienst stehen auch wir; wir sind Diener einer solchen Gemeinschaft, die auf uneigennützigen und solidarischen Beziehungen im Geist des Evangeliums gegründet ist. Natürlich spüren wir, wenn wir die Beschreibung des Textes der Apostelgeschichte und die Ausstrahlung des Netzes der Beziehungen, das sich um Franz herum ausbreitete, vor Augen haben, eine gewisse Verlegenheit und ein wenig Neid; wir erfahren in uns einen Ansporn dieses Ideal besser zu verwirklichen. Vielleicht aber laufen wir ein weiteres Mal Gefahr in die Irre zu gehen, indem wir so handeln, als sei dieses Ideal programmierbar, indem wir *unten* ansetzen. Wenn wir authentisch christliche Gemeinde von *unten* her organisieren wollen, dann stoßen wir gleich auf unsere Fehler und die der anderen und verbittern, weil wir feststellen, dass das Bauwerk nicht hochkommt.

**Das Heil kommt vom Herrn**

Damit kommen wir auf die grundlegende Intuition des heiligen Franz von Sales, die wir im Johannesevangelium betrachten (3,7–15): Alles wird von *oben* her geboren, alles ist Geschenk Gottes. Das Heil kommt vom Herrn. – Durch seine Spiritualität lädt uns der heilige Bischof zu einer vollständigen Hingabe an den Willen des Vaters ein, denn nur der lässt uns in wirksamer Weise nach seinen Plänen handeln. Jesus sagt zu Nikodemus: „Ihr müsst von *oben* her neu geboren werden“, ihr müsst eine Wiedergeburt leben, die nicht Wegen folgt, die leicht vorhersehbar sind („Der Wind weht, wo er will; du weißt nicht, woher er kommt und wohin er geht.“), sondern eine Geburt vom Geiste her ist.

Bitten wir den Herrn als besondere Gnade dieser Pilgerreise darum, dass er uns aus dem Geiste neu geboren werden lässt, dass wir jener Freiheit des Windes neu folgen, der über allem liegt und alles in unvorhersehbarer und gleichzeitig wirksamer Weise durchdringt und mit der Gegenwart Gottes erfüllt. Ja, es ist wahr, dass wir instinktiv skeptisch sind und wie Nikodemus sagen: „Wie kann das geschehen?" Doch auch wenn wir „Lehrer Israels", Theologen sind, seit Jahren durch das Studium genährt, müssen wir an den glauben, der spricht, indem er Zeugnis ablegt von dem, was er gesehen hat, sein Zeugnis vom Vater, von seiner Güte und Liebe zu uns. Wir müssen dabei sicher darauf vertrauen, dass der barmherzige Vater uns annimmt und uns nie im Stich lässt. Wir müssen lernen nach oben zu schauen, zum Vater, von dem alles kommt nach oben zu schauen, auf die in der Wüste emporgehobene Schlange, das heißt auf das Kreuz, aus dem jeder Trost und alles Heil kommt. In den schwierigen Momenten richtete Franz von Sales seinen Blick auf das Kruzifix. Wenn die Mühsale ihn entnervten und ihm die Kräfte raubten, fand er neue Kraft in der Betrachtung des Kreuzesmysteriums, in der Betrachtung des gütigen Willens Gottes, der sich in Jesus ausdrückte („Vater, in deine Hände lege ich meinen Geist"), – wie auch im steten Gottvertrauen. Herr, wir sind Diener einer authentisch christlichen Gemeinde, die uns zu langsam zu wachsen scheint. Gib, dass wir unseren Blick auf dich richten, dass wir uns ganz deinen Händen anvertrauen und auf das Kreuz schauen um uns wieder auf unseren Weg zu machen mit innerem Frieden, Großherzigkeit, Einfachheit und Vertrauen. Darin hat uns der heilige Franz von Sales an diesem Ort, in dieser Kathedrale, wo wir heute sein Gedächtnis feiern, ein Beispiel gegeben.

*„Wollt auch ihr weggehen?"*
(Joh 6,67)

# Die Beziehung und der Gehorsam gegenüber dem Willen Gottes

## Zweite Meditation[8]

**Einführende Worte**
Wir sind versammelt in der Kirche von Thorens, mit der kostbare Erinnerungen verbunden sind: Wir haben das Taufbecken gesehen, über dem Franz von Sales im Jahre 1567 getauft wurde.
Hier im Chorraum wurde er am 8. Dezember 1602 zum Bischof geweiht. In diesem Gotteshaus empfing er im Gebet große Gnaden und die Schlichtheit des Ortes lässt uns tiefer in seine Spiritualität eindringen, mit der wir auch schwierige Situationen mit innerem Frieden und Vertrauen angehen können.
Die Lebensbedingungen für die Katholiken in der damaligen Zeit waren recht schwierig, aber Franz hat sich nie gefürchtet, weil er sein ganzes Vertrauen auf den Herrn setzte.
Heute gehen wir von einer Frage Jesu aus, die im Johannesevangelium steht: „Wollt auch ihr weggehen?" Sie dient als Einleitung einer Meditiation zum Thema: Die Beziehung und der Gehorsam gegenüber dem Willen Gottes.

**Lesung einiger Texte**

Wir alle kennen den Kontext, in dem Jesus die harte Frage „Wollt auch ihr weggehen?" an seine Jünger stellt: Es ist die lange Rede Jesu im sechsten Kapitel des Johannesevangeliums, die er in der Synagoge von Kafarnaum hielt. Dabei wiederholt er sich offenbar und seine Worte folgen nicht immer einem Gedankenstrang, sodass wir uns schwer tun sie zu ordnen. In Wirklichkeit jedoch ist ihre Gliederung recht einfach: Der Text enthält sieben Fragen und sieben Antworten. Die ersten vier Fragen werden Jesus von der Menge gestellt:

- „Wann bist du hierher gekommen?" (Vers 25);
- „Was müssen wir tun um die Werke Gottes zu vollbringen?" (eine schon eher religiöse Fragestellung im eigentlichen Sinn; Vers 28);
- „Welches Zeichen tust du, damit wir es sehen und dir glauben?" (eine provokative Frage; Vers 30);
- und schließlich die Bitte: „Gib uns immer dieses Brot!" (Vers 34).

Es folgen zwei Fragen, die nicht mehr aus der Menge kommen, sondern von den Juden, die sich gegen die Behauptung Jesu „Ich bin das Brot, das vom Himmel herabgekommen ist" auflehnen:

- „Ist das nicht Jesus, der Sohn Josefs?" (Vers 42);
- „Wie kann er uns sein Fleisch zu essen geben?" (eine Frage der Ungläubigkeit; Vers 52).

Nach diesen beiden Fragen des Aufbegehrens seitens der Juden lesen wir die letzte Frage/Aussage der Jünger, die am Schluss der Rede steht:

- „Was er sagt, ist unerträglich. Wer kann das anhören?" (Vers 60).

Ganz eindeutig hat sich die Situation dramatisch zugespitzt. Viele seiner Jünger sind im Begriffe sich abzuwenden. Wir stehen vor einem Moment der Krise, das Priesteramt Jesu wird in Frage gestellt: Die Menge läuft davon, die Juden gehen fort und auch die Jünger wenden sich ab. In einem ähnlichen Fall würden wir wahrscheinlich so reagieren, dass wir die Leute zurückrufen, sie beruhigen und in Sicherheit wiegen würden. Wir würden ihnen vielleicht erklären, dass sie unsere Worte wohl missverstanden hätten, und sie bitten die Beziehung nicht aufzugeben, die Verbindung nicht abreißen zu lassen. Vielleicht würden wir dabei versuchen Lehraussagen ein wenig zu beschönigen, indem wir sie akzeptabel machen und abschwächen. Jesus hingegen stellt die harte Frage: Auch ihr Zwölf, „wollt auch ihr weggehen?" Am Schluss der Rede, die zu einer fortschreitenden Zerrüttung der Beziehung geführt hat, deutet diese Frage abermals auf eine unerhört starke Präsenz Jesu.

Da kommen uns gleich andere vergleichbare Situationen ins Gedächtnis. Denken wir beispielsweise an die Episode im achten Kapitel des Markusevangeliums: Jesus ist von Petrus als der Messias erkannt worden, der dann aber beginnt von seiner Passion zu sprechen, die ihn erwartet, von dem Leid, das ihn treffen wird. An diesem Punkt reagierte Petrus, indem er ihn beiseite nahm und ihm Vorwürfe machte. Jesus wandte sich um, sah seine Jünger an und wies Petrus mit den Worten zurecht: „Weg mit dir, Satan, geh mir aus den Augen! Denn du hast nicht das im Sinn, was Gott will, sondern was die Menschen wollen" (Mk 8,32–33).

In beiden Fällen – in Joh 6 wie in Mk 8 – hatte sich zwischen Jesus und den Menschen, Jesus und den Juden, Jesus und den Jüngern, Jesus und Petrus eine tiefe und schöne Beziehung gebildet, die jedoch plötzlich auf den Prüfstand des Vorrangs des Gottesreiches, des Willens Gottes gestellt wird. Die Konsequenz dieses Schocks bei Petrus ist eine tiefe, grundlegende Entscheidung, in der er sich selbst ganz einbringt.

Simon Petrus antwortete ihm: „Herr, zu wem sollen wir gehen? Du hast Worte des ewigen Lebens. Wir sind zum Glauben gekommen und haben erkannt: Du bist der Heilige Gottes" (Joh 6,68–69).

Die Beziehung, die auf den Prüfstand gestellt und dem Kriterium des Willens Gottes unterstellt wird, wächst, wenn sie echt ist. Das ist das Geheimnis, das wir immer vor Augen haben sollen: Die Beziehungen in der Seelsorge, die dem Kriterium des Willens Gottes unterstellt sind, was auch Loslösung und Schwierigkeiten mit sich bringt, wachsen, wenn sie aufrichtig sind. So kann es wirklich zu echten Qualitätssprüngen auf dem Weg des Glaubens kommen.

Ich halte es für sinnvoll, in anderen Texten aus dem Neuen Testament eine weitere Bestätigung für diese These zu suchen, wie etwa beim Apostel Paulus in seinem Brief an die Galater, wo es heißt:

*„Als ich aber sah, dass sie von der Wahrheit des Evangeliums abwichen, sagte ich zu Kephas in Gegenwart aller: Wenn du als Jude nach Art der Heiden und nicht nach Art der Juden lebst, wie kannst du dann die Heiden zwingen wie Juden zu leben?"* (Gal 2,14).

Die Beziehung zwischen Petrus und Paulus war sehr wichtig und positiv. Paulus, der Letzte, der gekommen war, bedurfte der Bestätigung und Unterstützung seitens des Petrus. Doch als Petrus nach Antiochia kam, bemerkt Paulus, dass etwas ganz Wichtiges auf dem Spiel steht, und er zögert nicht diese Beziehung abreißen zu lassen, obwohl er um die negativen Konsequenzen wusste, die sich daraus für die Zukunft seiner Mission ergeben konnten. Aber gerade aus diesem seinen Akt des Mutes erwächst jene Klarheit, mit der er auch in der Folgezeit sein Amt in ungetrübter Gemeinschaft mit der Kirche versah. Er hatte jedoch den Widerspruch geklärt, der sonst die Beziehung belastet hätte. Paulus hat die Wahrheit mehr geliebt als eine Beziehung, die in die Brüche zu gehen drohte; er hat es vorgezogen sie aufs Spiel zu setzen, wobei er auf die Loyalität des Petrus zählte, weil er das Evangelium nicht verraten wollte. Der Wille Gottes muss also den Vorrang haben und zum entscheidenden Kriterium des Denkens und Handelns werden. Nach einiger Zeit sagte Paulus zu Barnabas: „Wir wollen wieder aufbrechen und sehen, wie es den Brüdern in all den Städten geht, in denen wir das Wort des Herrn verkündet haben.“ Barnabas wollte auch den Johannes, genannt Markus, mitnehmen; doch Paulus bestand darauf ihn nicht mitzunehmen, weil er sie in Pamphylien im Stich gelassen hatte, nicht mit ihnen gezogen war und an ihrer Arbeit nicht mehr teilgenommen hatte. Es kam zu einer heftigen Auseinandersetzung, sodass sie sich voneinander trennten; Barnabas nahm Markus mit und segelte nach Zypern. Paulus aber wählte sich Silas und reiste ab, nachdem die Brüder ihn der Gnade des Herrn empfohlen hatten (Vgl. Apg 15,36–40).

Paulus verdankt Barnabas sehr viel, der ihn aufgesucht hat, als alle ihn fürchteten, der ihn in Jerusalem eingeführt hat, der ihn verteidigt und gewürdigt hat. Unter anderem ist Barnabas – ein Mann, der von allen geschätzt wird – eine Garantie für die Akzeptanz des Paulus unter den Juden-Christen. Dennoch setzt Paulus diese wertvolle Beziehung aufs Spiel für ein Gut, das er für sein Amt für wichtig hält. Wir sehen hier, dass sich die beiden im Blick auf eine offensichtlich nebensächliche Frage trennen: ob Markus mitkommen soll oder nicht. Da wird deutlich, dass es wirklich ein Geheimnis gibt in den Beziehungen in der Seelsorge, durch die sich authentisch christliche Gemeinde bildet. So schön und bedeutsam sie sein mögen, sie unterstehen dem Vorrang Gottes, denn sie sind aus diesem Vorrang hervorgegangen, der sie dann auch durch die notwendigen Eingriffe tiefer werden lässt.

In den Kapiteln 13 bis 17 des Johannesevangeliums, welche die Abschiedsreden Jesu nach dem Letzen Abendmahl enthalten, finden wir ein weiteres Beispiel für einen Wandel in den Beziehungen. Was das Miteinander von Menschen betrifft, so findet man in den Evangelien wohl kaum eine wärmere und dichtere Atmosphäre als hier. Jesus lebt eine solch tiefe Beziehung mit den Seinen, dass er sie mit der Beziehung vergleicht, die er selbst mit dem Vater hat: „Ich im Vater und ihr in mir". Da sind wir auf dem Gipfel der Beziehungen in der Seelsorge. Wir stehen vor dem Modell der christlichen Beziehung, die zur Vollkommenheit gelangt ist, weil sie in das Geheimnis des dreifaltigen Gottes hineingenommen ist.

All diese Reden aber sind von einem bevorstehenden, notwendigen Abschied geprägt: „Wohin ich gehe, dorthin könnt ihr nicht gelangen“ (13,33) – „Ich gehe, um einen Platz für euch vorzubereiten“ (14,2) – „Es ist gut für euch, dass ich fortgehe“ (16,7). Eine Beziehung, die zu ihrer Fülle gelangt zu sein scheint, ja gelangt ist, muss gerade deshalb eine Loslösung durchmachen; das ist der Hintergrund jeder geschichtlichen menschlichen Beziehung, der Punkt, an dem jede Beziehung auf die entscheidende Probe gestellt wird. Wir können davon ausgehen, dass dies im Prinzip für alle Loslösungen in der Pastoral gilt wie auch für alle anderen, die das Leben mit sich bringt: Einerseits verursachen sie Leid und dennoch lassen sie uns in dem Maße neu werden, in dem wir das mit Mut und Gelassenheit annehmen. So werden die Beziehungen tiefer; dann wird deutlich, dass niemand unersetzlich ist und dass die Beziehung mit dem Herrn das Entscheidende ist.

Die Heilige Schrift lehrt uns also, dass die Beziehungen durch dieses Loslassen wachsen und reifer werden, so wie heranwachsende Kinder auch durch die Loslösung von ihren Eltern reifen um erwachsen zu werden. Die Beziehungen in der Pastoral bedürfen regelmäßiger Loslösungen, damit sie immer dem Maß der Ewigkeit entsprechen.

Zum Schluss greifen wir kurz zurück auf zwei Briefe des heiligen Franz von Sales, der sowohl die Intensität der Beziehungen als auch die Loslösung erfahren hat, weil er die Beziehungen als ein Geheimnis der Unterwerfung unter die Liebe und den Willen Gottes lebte.

Der erste ist ein Brief, der an Mutter von Chantal gerichtet ist – auf den wir bereits in der vorhergehenden Meditation Bezug genommen haben –, in dem er über eine Schwester spricht:

„Ich möchte Ihnen noch sagen, meine sehr teure Mutter, dass ich gemäß Ihrem Auftrag unserer Schwester von N. liebevoll geschrieben habe, und ich versichere Ihnen, meine sehr teure Mutter, dass ich dies von ganzem Herzen getan habe, denn ich liebe diese arme Tochter vollkommenen Herzens. Es ist Tatsache, dass es wohl kaum jemand auf der Welt gibt, der herzlicher, zärtlicher und – um es ganz einfach zu sagen – liebevoller liebt als ich; denn es hat Gott gefallen mein Herz so zu machen. Dennoch liebe ich die selbstständigen, kraftvollen Seelen, die nicht weibisch sind; denn diese große Rührseligkeit verwirrt das Herz, beunruhigt es und lenkt es von der liebenden Gebetsverbundenheit mit Gott ab, hindert die völlige Hingabe und das vollkommene Absterben der Eigenliebe. Was nicht Gott ist, ist nicht für uns. Wie kann das geschehen, dass ich diese Dinge empfinde, der ich doch – wie Sie wissen, meine sehr teure Mutter – der liebendste Mensch auf Erden bin? Wahrlich, trotzdem empfinde ich sie; aber es ist eigenartig, wie ich das alles in Einklang bringe, denn ich meine, dass ich gar nichts liebe als Gott und alle Seelen um seinetwillen. Ach Gott! Herr, erweise diese Gnade auch unserer ganzen Seele, dass sie in Dir allein sei!“

(An Johanna von Chantal, Annecy, 1620 oder 1621; DASal 5,364f)

Das Herz des Bischofs von Genf, mit seiner natürlichen und übernatürlichen Gabe zu lieben, ist zugleich ein Herz, dem dieses Gespür für den Vorrang Gottes und der vollständigen Unterwerfung unter ihn ganz klar ist. Der zweite Brief ist ebenfalls an Mutter von Chantal adressiert und belegt, dass keinerlei Distanz die Herzen voneinander scheiden kann, die Gott verbunden hat:

> „Wir müssen den hochheiligen Gleichmut pflegen, zu dem unser Herr uns ruft. Ob Sie nun dort oder hier sind, wer kann uns scheiden von der Einheit, die in unserem Herrn Jesus Christus ist (Röm 8,35)? Schließlich kann es meiner Meinung nach unserem Geist hinfort nichts mehr ausmachen, ob wir nun an einem oder an zwei Orten sind, da unsere so liebenswerte Einheit dank Ihm, der sie geschaffen hat, überall besteht. Wie oft habe ich Ihnen gesagt, meine sehr teure Mutter, dass Himmel und Erde nicht weit genug voneinander entfernt sind, um die Herzen, die unser Herr verbunden hat, zu scheiden! Bleiben wir mit dieser Gewissheit in Frieden."
> (An Johanna von Chantal, Annecy, 13. Mai 1615; DASal 5,279)

Die Loslösungen berühren letztlich nicht die Stärke und Wahrhaftigkeit der Beziehungen.

**Anregungen zur Meditation und Fragen**

Ich gebe zunächst ein paar Impulse, die der weiteren persönlichen Meditation dienen können.

Die erste grundlegende Beziehung ist jene, die wir mit Gott in Jesus Christus haben: In ihr wurden wir geschaffen und in ihr finden wir die Fülle, weil sie uns von Ewigkeit her prägt. In diesem Rahmen und dieser Fülle ist jede andere Beziehung reines Geschenk Gottes. Demnach ist das Gelingen einer Beziehung an die Wahrung der inneren Freiheit gebunden; wer andere besitzen will, und das gilt natürlich auch für die Beziehungen in der Seelsorge, zerstört oder blockiert eine Beziehung, die Früchte hervorbringen könnte, wenn sie die innere Freiheit respektierte, das heißt, wenn sie dem Willen Gottes unterworfen wäre.

Und noch ein letzter Gedanke für die Meditation: In Gott geht keine Beziehung verloren. Wir werden alle Beziehungen wiederfinden, einschließlich derer, die nicht aus unserer Schuld in die Brüche gegangen sind. Was wir an Beziehungen in der Seelsorge investiert haben für Menschen, die nicht zugehört haben, die nicht verstanden haben, die uns im Stich gelassen haben und uns Enttäuschungen bereitet haben, all das wird nicht verloren gehen, wenn wir uns dem Geheimnis des Vorrangs Gottes unterworfen haben.

Aus den Anregungen, die ich euch vorgeschlagen habe, ergeben sich einige Fragen:

*Wie pflege ich in meinem Leben diesen Vorrang, den die Beziehung mit Gott haben muss?*

Darauf können natürlich wir antworten, aber auch jene, die uns beten sehen. Eine der hervorstechendsten Eigenschaften unseres verstorbenen Kardinals Ildefonso Schuster war gerade seine intensive persönliche Beziehung mit Gott. Die Leute, die ihn beobachteten, wenn er sich der Anbetung widmete, spürten unmittelbar, dass diese Beziehung für ihn wesentlich war. An der Art, wie jemand betet, kann man sehr wohl erkennen, ob die Beziehung mit dem Herrn in seinem Leben wirklich den ersten Platz einnimmt. – Wie bewahre ich diesen Vorrang im Gebet? Wie oft unterbreche ich es, und wie leicht versäume ich es wegen anderer Beschäftigungen?

*Wie lebe ich die Misserfolge in den Beziehungen?*
Es passierte Franz von Sales, vor allem in den Anfängen seines priesterlichen Wirkens, und das passiert auch uns, dass wir nicht ernst genommen werden, dass man uns nicht zuhört, dass man nicht dem folgt, was wir sagen. Versucht einmal darüber nachzudenken, in welcher Weise der Bischof von Genf die Misserfolge an den Orten gelebt hat, die wir zur Zeit besuchen. Wie reagiere ich, und welche Reaktion möchte Gott von mir im Blick auf diese Misserfolge?

*Gebe ich Acht auf mich, in dem Bewusstsein, dass mein Leib und meine Psyche Werkzeuge sind um mit Gott und mit den anderen gute Beziehungen herzustellen?*
Tatsächlich liegt eines der Motive, weshalb die Beziehung mit Gott brüchiger wird und vielleicht zerbricht, darin, dass wir zu wenig auf uns Acht geben. Wir stellen zu hohe Anforderungen an uns, achten nicht genug auf die Zeiteinteilung, auf die Zeit zum Ausruhen, auf die Zeit zum Gebet. Schrittweise wird dann die Beziehung in ihren menschlichen Aspekten schwächer und zerbricht, weil keine Substanz vorhanden ist. Deshalb freut es mich aus einem anderen sehr schönen Brief des heiligen Franz vorzulesen, den er in den ersten Jahren seines bischöflichen Wirkens geschrieben hat. Er spricht darin von den Müh-

salen und Schwierigkeiten, mit denen er konfrontiert war. Wir wissen, dass er bis in die entlegendsten Bergdörfer aufstieg um allen Bewohnern seiner Diözese einmal zu begegnen. Die Reformen der Klöster, in denen die Mönche ein gott- und sittenloses Leben führten, belasteten ihn. Immer wieder wurde er auch in die politischen Quärelen seines Herzogs und des französischen Königs mit hineingezogen. Aus dieser stressbeladenen Situation heraus schreibt er an Johanna von Chantal:

> „Als ich jetzt bei meiner Rückkehr meine Seele etwas überschauen wollte, erweckte sie großes Mitleid in mir, denn ich fand sie so mager und hergenommen, dass sie wie der Tod aussah. Ich glaube, dass ich während der letzten vier bis fünf Monate kaum einen Augenblick zum Luftholen hatte. Ich werde aber jetzt diesen ganzen Winter bei ihr sein und versuchen sie gut zu behandeln. Ich werde nur in kleinen Zusammenkünften predigen, auf einem Stuhl sitzend. Ich werde einem tugendhaften und eifrigen Kapuziner zuhören, werde den Kindern Katechismusunterricht erteilen und Beichte hören; so werde ich nur kleine Übungen verrichten, die mein Herz nicht betäuben, sondern nur aufwecken. Ich wünsche sehr es zu bessern, damit es noch vielen anderen dienen möge, deren Dienst es geweiht ist, und besonders dem Ihren."
>
> *(An Johanna von Chantal, Annecy, Ende Oktober 1606; DASal 5,133)*

Ein unermüdlicher Apostel, wie es der heilige Bischof Franz

war, wusste hin und wieder innezuhalten um sich Rechenschaft zu geben und einzugestehen, dass er seine körperlichen Kräfte überstrapaziert hatte. In der Ruhe und Erholung (bemerkenswert ist hier sein typischer Humor: „Ich werde jetzt diesen ganzen Winter bei ihr sein...“) fand er die Voraussetzungen dafür, dass die Beziehungen wirklich Gott würdig sein können und dass Gott in ihnen den ersten Platz einnimmt.

## *„Nicht aus Zwang ...*
## *nicht aus Gewinnsucht ...*
## *Seid nicht Beherrscher eurer Gemeinden“*
## (1 Petr 5,2–3)

## Indizien einer Entartung der Beziehungen

## Dritte Meditation

**Einführende Worte**

Auf unserer Pilgerreise versuchen wir – auf den Spuren der Heimsuchung und des heiligen Franz von Sales – uns geistlich jene Vorbilder für die Beziehungen in der Seelsorge vor Augen zu stellen, aus denen sich authentisch christliche Gemeinde entwickeln kann. Über die positiven Aspekte der Beziehungen haben wir eingehend gesprochen, im Besonderen darüber, dass Gott darin immer den ersten Platz einnehmen muss. Doch nun wollen wir darüber nachdenken, was den Beziehungen nicht gut tut, was ihnen im alltäglichen Miteinander, in unserem Dienst, in der Seelsorge abträglich ist.

Da muss ich zunächst gestehen, dass ich mich nicht sehr wohl dabei fühle über solch ein geläufiges Thema etwas zu sagen. Wir sind ja dermaßen daran gewöhnt Fehlverhalten in den anderen wahrzunehmen, dass wir uns gewissermaßen als Meister darin betrachten können, Versagen zu definieren, das wir beim Pfarrer, Dekan, Gene-

ralvikar oder Bischof und vielleicht sogar beim Papst feststellen. Und andererseits bietet uns unser Vorbild, der heilige Franz von Sales, in dieser Hinsicht nicht gerade eine Fülle von Material; denn seltsamerweise kommt dieser Aspekt in seinen Werken nur selten zur Sprache, obwohl er doch in einer beklagenswerten Epoche der Kirche in seichten Fahrwassern lebte. Die Kirche war verweltlicht und in die Affären der Gesellschaft und des Reiches verstrickt, sie war gleichsam allen negativen Aspekten der Beziehungen in der Seelsorge ausgesetzt. Im Allgemeinen finden wir diesen Aspekt bei Franz von Sales nur zwischen den Zeilen, wenn er sich über das Positive in den Beziehungen äußert, das er in den Vordergrund rückt. Diese Feststellung mag uns sogleich nachdenklich stimmen: Wie konnte ein Mann, der in einer solch tragischen Epoche der Kirche geboren wurde und aufwuchs, Priester wurde und später Bischof, dem die Ausübung seines Amtes fast unmöglich gemacht wurde, bis an die Grenzen des Erträglichen – ohne Diözese, ohne Bischofssitz, ohne die normalen Hilfen und Unterstützungen – eine Sichtweise der Beziehungen vermitteln, die so positiv, so sympathisch, anziehend und von großer innerer Freiheit getragen war? Das Wunder liegt in seiner Gabe in allen Ereignissen das Konstruktive zu sehen – aus einer Perspektive des Glaubens, die offen war auf die Zukunft Gottes hin.
An seinem Vorbild können wir uns sicherlich inspirieren, wenn wir uns auch vergegenwärtigen, dass sein Leben schon in jugendlichen Jahren von Krankheiten gezeichnet war. Trotzdem ist es ihm gelungen, dass das in seinem Umgang mit anderen fast gar nicht ins Gewicht fiel. Überall verbreitete er eine Botschaft der Hoffnung und des

Gottvertrauens. Erinnert sei in dem Zusammenhang auch an die Störung des starken Schielens, die er hatte und die dem Bedürfnis seiner Zeit nach elegantem Auftreten entgegengesetzt war. Von daher kann man durchaus sagen, dass Franz in seinem Leben wirklich den Triumph der Auferstehung bezeugt hat.

**Schriftlesung 1 Petr 5,1–4**

Während wir die Perspektive im Gedächtnis behalten, mit welcher der Bischof von Genf Fehlverhalten im Priesteramt deutete, lassen wir uns von einigen neutestamentlichen Texten leiten und beginnen mit einer sehr schönen Zusammenfassung, die wir im ersten Petrusbrief finden:

*Eure Ältesten ermahne ich, da ich ein Ältester bin wie sie und ein Zeuge der Leiden Christi und auch an der Herrlichkeit teilhaben soll, die sich offenbaren wird: Sorgt als Hirten für die euch anvertraute Herde Gottes, nicht aus Zwang, sondern freiwillig, wie Gott es will; auch nicht aus Gewinnsucht, sondern aus Neigung; seid nicht Beherrscher eurer Gemeinden, sondern Vorbilder für die Herde! Wenn dann der oberste Hirt erscheint, werdet ihr den nie verwelkenden Kranz der Herrlichkeit empfangen* (1 Petr 5,1–4).

Dieser Text macht deutlich, dass es auch bei den Priestern in der Urkirche Fehlverhalten gab und dass das gang und gäbe war. Durch die moderne Psychologie haben wir eine spezielle Sensibilität dafür erworben es zu entlarven: Die Psychologie erforscht und klassifiziert alle Fehlhaltungen in den menschlichen Beziehungen, die Aggressionen und Selbsttäuschungen, die Perversionen und Neurosen, all das, was Gift für die Beziehungen ist. Mitunter beobachte ich ein extremes Bemühen, selbst in guten und uneigennützigen Beziehungen egoistische Motive erkennen zu wollen. In zahlreichen psychologischen Büchern werden immer wieder die Missstände der Beziehungen im Priesteramt beschrieben, wahrscheinlich weil den Autoren der wahre Urgrund echter menschlicher Beziehungen überhaupt nicht klar ist; doch dieser Gefahr sind wir alle ausgesetzt.

Es ist unbestritten, dass es auch in den Beziehungen im Priesteramt eine Vielzahl von Fehlhaltungen gibt; häufig allerdings liegt das an den Leuten, die mit falschen Erwartungen an den Priester herantreten. Da fällt mir das berühmte Buch von Bernanos ein, das *Tagebuch eines Landpfarrers*. In diesem Roman wird dargestellt, wie ein junger Priester, der trotz all seiner Schwächen und Unzulänglichkeiten ein durch und durch aufrichtiger Mann ist, von falschen Beziehungen umgeben und bedroht ist, von Leuten, die mit abwegigen Erwartungen an ihn herantreten. – Wir wollen uns jedoch auf die einfachen Beschreibungen der Kirche an ihren Anfängen beziehen, die nicht überzeichnet sind.

**Textzusammenhang und Autor der Ermahnung**

Unser Text folgt einer Reihe von Gedanken zur Lehre über die Art, wie ein Christ mit dem Leid umgehen soll, diese wunderschönen Aussagen im vierten Kapitel des Petrusbriefes. Er enthält praktische Hinweise für die Priester, auf die Ermahnungen an jüngere Menschen und alle Gläubigen folgen. Der Verfasser des Briefes präsentiert sich als Ältester und Priester und spielt dabei mit der Doppeldeutigkeit der Begriffe (alt im biologischen Sinne – für die griechische Welt ein Alter von 40 bis 50 Jahren –, und Priester im Sinne eines Amtsinhabers). Er ist Zeuge der Leiden Christi. Die Exegeten fragen sich, ob es sich um einen Augenzeugen handelte oder um eine Person, die in sich das Leiden erfahren hat; jene, die zur ersten Annahme tendieren, gehen natürlich davon aus, dass Petrus der Verfasser des Briefes ist. Er präsentiert sich schließlich als Teilhaber der Herrlichkeit, die sich offenbaren wird, wobei er nicht nur auf sein Alter oder auf sein Priesteramt abhebt, sondern auch auf den Glauben setzt, der ihm Gelegenheit gegeben hatte viel für Jesus zu leiden, und auf die Hoffnung auf jene Herrlichkeit, die sich offenbaren wird.

Diese Art der Darstellung ist bereits eine Hilfe um zu verstehen, aus welcher Perspektive wir die Fehlhaltungen in der Seelsorge sehen sollten: nicht einfach vom Standpunkt einer grundsätzlich skeptischen Psychologie im Blick auf alle Regungen des menschlichen Herzens, mit der Tendenz, deren böswilligen, krankhaften und perversen Wurzeln bloßzulegen, sondern vom Standpunkt dessen aus, der die Wirklichkeit von den Leiden Christi her sieht, von der eigenen Teilnahme am Kreuz, aber auch von der Hoffnung auf die Herrlichkeit. Wer den in Christus berufenen und erlösten Menschen betrachtet, der sieht auch, dass die Fehlhaltungen im Priesteramt Aspekte sind, die durch das Leiden Jesu in die Liebe hineingenommen und erlöst sind.

**Der Schrifttext I Petr 5,1–4**

Der Verfasser des Briefes ermahnt vor allem das Hirtenamt auszuüben. Es ist die gleiche Weisung, die Jesus dem Petrus gibt: „Weide meine Lämmer! Weide meine Schafe! ..." (vgl. Joh 21,15–19). Das finden wir auch in der Ermahnung des Paulus an die Priester in Ephesus: „Gebt Acht auf euch und auf die ganze Herde" (vgl. Apg 20,28). Die Metapher vom Hirten deutet auf die Verantwortung der Leitung und Führung, die wir trotz unserer Fehler und Schwächen haben. Wir sind auf verschiedene Weise, aber von Anfang an mit vollem Einsatz und mitunter dringlich zur Verantwortung der Leitung und Führung berufen.

„*Sorgt als Hirten für die euch von Gott anvertraute Herde*"; im Griechischen steht da *tô en umîn*; also nicht „eure" Herde, sondern die Herde dessen, der „*unter euch ist*". Ihr habt Anteil am Hirtenamt Christi. Es ist Gott, dem die Herde gehört, der sie erschaffen und erlöst hat, der sie liebt, der ihr Ziel, aber auch ihre Irrwege kennt. Ihr seid seine Diener und sollt das machen, was der Herr mit seiner Herde vorhat.

Die Wurzel der Fehlhaltungen im Priesteramt liegt eben darin, die Herde als eigene Verantwortlichkeit und an einem bestimmten Punkt als Besitz zu betrachten, aus dem man Vorteile zieht oder mit dem es zu bösen Konflikten kommt. Grundlage einer gesunden Einstellung hingegen ist hier das bewusste Eingeständnis, dass die Menschen Gott gehören, der sich weit mehr als wir um sein Volk sorgt.

„*Sorgt als Hirten*" (griechisch: *episkopoûntes*) – dieses Verb in der Form des Gerundiums nimmt in den Handschriften, die es überliefert haben, Bezug auf das Bischofsamt, dem jeder Hirte zugesellt ist; es ist das Amt des Hütens, die Berufung, gleichsam von einer etwas höheren Warte aus zu schauen. Von dieser Warte aus interpretieren wir die drei negativen und die drei positiven Eigenschaften der Beziehungen im Priesteramt. Sie verdienen es genauer unter die Lupe genommen zu werden. Sie müssen nämlich wie jedes Wort der Heiligen Schrift sozusagen ausgepresst werden, um „wertvolles Öl oder köstlichen Wein" daraus zu gewinnen. Franz von Sales verwendete häufig Vergleiche aus der Natur, wie beispielsweise die Trauben, die in der Kelter ausgepresst werden. Uns ist daran gelegen das Geheimnis aufzuspüren, mit dem Franz den Menschen mit schlichten, wahren und faszinierenden Worten den Glauben zu verkünden wusste, die für das Volk so eingängig waren.

„Nicht aus Zwang, sondern freiwillig, wie Gott es will" (griechisch: *mè anankastôs allà ekousíos katà Theón*). „Alles aus Liebe tun und nichts aus Zwang! Mehr den Gehorsam lieben als den Ungehorsam fürchten", so schreibt Franz am 14. Oktober 1604 an Johanna von Chantal (DASal 5,234). Das scheint mir eine treffende Übersetzung der Aussage des Petrus zu sein. „Nicht aus Zwang" – nicht gezwungenermaßen.

Da können wir uns fragen: Von wem denn gezwungen? Dieses Adverb findet sich an keiner anderen Stelle im Neuen Testament, was die Antwort auf unsere Frage nicht gerade erleichtert. Natürlich darf man hier nicht an eine äußere Macht denken. Ich denke, dass Petrus hier auf soziale Zwänge anspielt: die Routine, die Gewohnheiten, dass der Auftrag als Last empfunden wird und nicht als ein Geschenk, das man bekommen hat.

An anderen Stellen werden von dem griechischen Verb *anankàzein* abgeleitete Substantive verwendet um auf moralische Zwänge hinzuweisen: Paulus spricht von denen, die mit moralischem Druck „zur Beschneidung nötigen" (Gal 6,12), der letztlich das Leben belastet und den Personen nicht die Möglichkeit gibt sich anders zu verhalten. In Gal 2,14 stellt Paulus dem Petrus die Frage: „Wie kannst du die Heiden zwingen, wie Juden zu leben?" Nach welchem Beispiel, nach welchem Verhaltensmuster veranlasst du sie, wie Juden zu leben? – Vielleicht eine der schönsten Stellen im Neuen Testament, aus der wir denselben Gegensatz zu 1 Petr 5,2 herauslesen, finden wir im Brief an Philemon, in dem Paulus schreibt, dass er den Sklaven nicht habe zurückschicken wollen, um „nichts ohne deine Zustimmung zu tun. Deine gute Tat soll nicht erzwungen (*katà anánken*), sondern freiwillig sein (*katà ekoúsion*)" (Vers 14). Paulus möchte vermeiden, dass Philemon Gutes tut als Last, der er sich nicht entziehen kann. Und wir wissen, dass die Leute sehr wohl spüren, ob wir unsere Arbeit als Priester als Last verrichten. Sie fühlen sich dann gedemütigt, in ihnen werden Schuldgefühle geweckt und sie haben den Eindruck nicht mehr frei zu sein. Das Zwanghafte weist also auf die erste Fehlhaltung in der Seelsorge. Dazu kommt es in dem Moment, wenn der Priester die Herde nicht aus einem Bedürfnis weidet, das seinem Herzen entspringt, sondern seine Arbeit nur wie ein Rädchen im Getriebe tut. Dazu kommt es leicht, ohne dass wir uns dessen bewusst werden, aufgrund von Müdigkeit und Mangel an solider geistlicher Nahrung, jener inneren Kraft, die aus der Meditation der Heiligen Schrift und aus der Eucharistie erwächst.

Im Widerspruch zu diesem „nicht aus Zwang handeln" scheint jedoch ein wichtiges Wort des Paulus an die Korinther zu stehen: „Wenn ich das Evangelium verkünde, kann ich mich deswegen nicht rühmen; denn ein Zwang liegt auf. Weh mir, wenn ich das Evangelium nicht verkünde!" Mit anderen Worten heißt das: Ich bin dazu verpflichtet. Dann fährt Paulus fort: „Wäre es mein freier Entschluss (*ekòn* ist der gleiche Begriff, den auch Petrus verwendet: *ekousíos* – aus freien Stücken), so erhielte ich Lohn. Wenn es mir aber nicht freisteht (*ei dè ákon* ist die Negation des Begriffs *ekousíos* bei Petrus), so ist es ein Auftrag, der mir anvertraut wurde" (1 Kor 9,16–18).

Der Gegensatz zwischen der Amtsführung als Verpflichtung und dem Handeln aus freiem Willen führt zu einer kreativen Spannung im Leben des Priesters. Paulus erfährt, dass die Verkündigung des Evangeliums für ihn zu einer Verpflichtung geworden ist, weil die Liebe Gottes ihn so stark ergriffen hat, dass er zum Diener geworden ist.

Es ist die Kraft der Liebe Gottes, die ihm keinen Ausweg lässt. Es ist also eine Verpflichtung, die einer mystischen Sicht des Priesteramts entspringt: Mir wird klar, dass ich nicht anders handeln kann. Nicht selten hören wir aus dem Munde heiligmäßiger Priester: „Ich könnte gar nicht anders als das Evangelium verkünden. Wenn ich mein Leben überdenke, dann stelle ich fest, dass ich nur Priester werden konnte." Als ob sie sagen wollten: „Es ist Gott, die höchste Liebe, die mich in die Pflicht genommen hat, und seine Kraft ist stärker als ich."

Wenn wir auf unsere eigene Berufung schauen, so müssen wir feststellen, dass wir nicht aufgrund unserer Verdienste, weil wir uns das ausgewählt haben, sondern aus

dem reinen unverdankten Willen Gottes Priester geworden sind.
Gleichwohl hat auch Petrus Recht: „Der Plan Gottes ist in mir und mein Herz handelt aus freien Stücken." Wir sollen uns ständig an diesem Plan Gottes orientieren, der uns erwählt und in die Pflicht genommen hat, und gleichzeitig an unserem Herzen, das sich seinen Willen zu Eigen gemacht hat. Das schönste Bild dieser Wirklichkeit ist sicher Maria im Moment der Verkündigung: Da wird sie nämlich in einen Plan Gottes hineingenommen, der ihr praktisch keinen Ausweg lässt und unendlich viel größer ist als sie; doch durch ihr Jawort aus ganzem Herzen lässt sie sich aus freien Stücken (*ekousíos*) darauf ein. Und genau das ist der Sinn dessen, was Petrus anfügt: *kata Theón*, das heißt: Gott entsprechend. Franz von Sales sprach in solchen Zusammenhängen vom *„bon plaisir de Dieu"* – vom „göttlichen Wohlgefallen", vom gütigen, segensreichen, liebevollen Willen Gottes, der mich an diesen Platz gestellt hat. Und das ist die größte Kraft im Priesteramt. Wenn wir den Eindruck haben, dass die Beziehungen unsere Kräfte überfordern, dass wir uns bis zum Äußersten abmühen, dann sollten wir uns an den Herrn wenden und ihm sagen: „Es ist dein gütiger Wille. Du bist es, der mich hier gewollt hat. Mit Freude nehme ich deinen Willen an."
Die zweite Fehlhaltung, die Petrus anspricht, kann ebenfalls leicht aufkommen: *„nicht aus Gewinnsucht"* im Gegensatz zur richtigen Haltung: *„sondern mit Hingabe"*. – „Nicht aus Gewinnsucht" (griechisch: *medè aischrokerdôs*), das heißt: im Streben nach schnödem Gewinn. Das muss seit den Anfängen des Dienstes in der Seelsorge eine große Versuchung gewesen sein, denn diese Ermahnung fin-

den wir des öfteren in den Pastoral-Briefen. „Ebenso sollen die Diakone sein: achtbar, nicht doppelzüngig, nicht dem Wein ergeben und nicht gewinnsüchtig“ (1 Tim 3,8). Hier deutet Paulus auf eine Reihe von Entgleisungen in der Ausübung des Dienstes als Seelsorger und spricht unter anderem über die Gier nach schnödem Gewinn. Aber diese Erwähnung finden wir bereits in den allerersten Briefen des Apostels, beispielsweise dort, wo er sich gegen den Vorwurf verteidigt, er habe sein Amt aus Habgier übernommen:

*Nie haben wir mit unseren Worten zu schmeicheln versucht, das wisst ihr, und nie haben wir aus versteckter Habgier gehandelt, dafür ist Gott Zeuge. Wir haben auch keine Ehre bei den Menschen gesucht, weder bei euch noch bei anderen, obwohl wir als Apostel Christi unser Ansehen hätten geltend machen können* (1 Thess 2,5–7).

Das Thema Eigennutz war als Defizit auch in der Urkirche präsent. Wir mögen uns darüber wundern, weil in der damaligen Zeit das Priesteramt keineswegs erstrebenswert war, da es keinerlei Sicherheiten bot. Doch die Entgleisungen im Ehrgeiz, in der Eitelkeit, Geldgier und Ausnutzung der Opfergaben der Gläubigen prägten das Priesteramt, und es sind die Apostolischen Briefe, die uns davor warnen. Was im ersten Timotheusbrief über den Diakon gesagt wird, das wird im Brief an Titus im Blick auf den Bischof wiederholt:

*Ein Bischof muss unbescholten sein, weil er das Haus Gottes verwaltet; er darf nicht überheblich und jähzornig sein, kein*

*Trinker, nicht gewalttätig oder habgierig. Er soll vielmehr das Gute lieben, er soll gastfreundlich sein, besonnen, gerecht, fromm und beherrscht. Er muss ein Mann sein, der sich an das wahre Wort der Lehre hält* (Tit 1,7–9).

Das Thema Habgier wird vor allem in den Paulusbriefen des öfteren angesprochen: Im Kolosserbrief ist die Rede von der „Habsucht, die ein Götzendienst ist“ (Kol 3,5). Dem Handel aus „Gewinnsucht“ setzt Petrus die „Hingabe“ entgegen. „Aus Hingabe“ (griechisch: *allà prothúmos*), das deutet auf etwas mehr als bloße Uneigennützigkeit, nämlich auf eine ganz konkrete Einsatzbereitschaft. Dieser Begriff findet sich im Matthäusevangelium im Blick auf Jesus, der im Garten Getsemani zu den Jüngern sagt: „Der Geist ist willig“ (Mt 26,41). Es ist die Bereitschaft, die sich ans Werk macht und nicht auf das Eigeninteresse schaut, wie Paulus es gelebt hat und ausdrückt in Röm 1,15: „So liegt mir alles daran (*próthumon*) auch euch in Rom das Evangelium zu verkünden.“ Es handelt sich um jene Einstellung, die uns bereit macht das Evangelium zu verkünden, ohne uns zu fragen, welcher Gewinn sich daraus ergeben wird. Diese Bereitschaft beruht darauf, dass uns das Übermaß der Liebe Gottes bewusst geworden ist, die uns in vollem Maße und unentgeltlich zuteil geworden ist.

Die dritte Fehlhaltung ist sehr konkret und ziemlich alltäglich: „*Seid nicht Beherrscher eurer Gemeinden*“, worauf sofort die richtige Haltung folgt: „*sondern Vorbilder für die Herde*“. – „Seid nicht Beherrscher“ (griechisch: *katakuriéuontes*), das ist ein ausdrucksstarkes Wort, gleichsam geprägt vom Verfasser. In der alten lateinischen Fassung hieß es: „*non dominantes in cleris*“ (*tôn kléron*). Das griechische Wort *klêros* bedeutet eigentlich „*Los*“; das heißt also: Seid nicht Beherrscher der Person, die euch das Los zugewiesen hat. *Katakurieúo* kommt in der einfachen Form des Verbs *kurieúo* beispielsweise in Mt 20,25f vor, wo Jesus mahnt: „Ihr wisst, dass die Herrscher ihre Völker unterdrücken; bei euch soll es nicht so sein.“ Der Dienst des Priesters erfordert eine Gesinnung, die der weltlichen Herrschsucht genau entgegengesetzt ist. Im zweiten Korintherbrief bekräftigt Paulus: „Wir wollen ja nicht Herren über euren Glauben sein, sondern wir sind Helfer zu eurer Freude“ (2 Kor 1,24).

Leider ist die Lust zu herrschen, auch auf der geistlichen Ebene, in uns ziemlich lebendig. Deshalb brauchen wir uns auch gar nicht zu wundern, dass das bereits in der Urkirche als negative Tendenz wahrgenommen wurde. Sie ist dem eigen, der sich der Menschen bedienen will. Diese Lust zu herrschen führt dann zu einem Herdengeist, der nicht reifen lässt, und zu Formen geistlicher Eifersucht. Das sind alles Irrwege, die wir in uns selbst erfahren und deren Wurzel in uns liegt. Sie sind umso subtiler ausgeformt, je mehr sie mit Spiritualität verbrämt sind. Sie finden in uns allen einen Nährboden, weil das Besitzdenken auf geistlicher Ebene mit stärkerer Gier lockt als im materiellen Bereich. Das führt dann dazu, dass die Leute ihre Zuflucht nicht bei Jesus Christus suchen, sondern bei dem einen oder anderen Seelsorger. Sie meinen dann, sie könnten das Christentum nicht mehr leben, weil ein bestimmter Priester irgendwo anders hin versetzt wird. Das wäre ein Indiz dafür, dass in dieser pastoralen Beziehung nicht alles im Reinen war.

„... *sondern seid Vorbilder für die Herde.*" – Wir sehen, dass da in den Worten des Petrus plötzlich ein ganz hoher Anspruch gestellt wird: Der Seelsorger leitet die Gemeinde, indem er zum Vorbild wird und nicht indem er sich in erster Linie Gehorsam verschafft. Sicherlich handelt es sich hier um ein Ideal der Vollkommenheit, von dem wir weit entfernt sind, doch wir müssen uns stets nach Kräften darum bemühen.

„*Indem ihr zu Vorbildern der Herde werdet*" – das ist ein kennzeichnendes Konzept für die Kirche der Apostelzeit und findet sich häufig in der Verkündigung des Paulus: „Ahmt auch ihr mich nach, Brüder, und achtet auf jene, die nach dem Vorbild leben, das ihr an uns habt. Denn viele – von denen ich oft zu euch gesprochen habe, doch jetzt unter Tränen spreche – leben als Feinde des Kreuzes Christi" (Phil 3,17). Er möchte durch sein Vorbild den Weg weisen. Im ersten Timotheusbrief kommt er auf die Ermahnung zurück, indem er an den auserwählten Jünger schreibt: „Sei den Gläubigen ein Vorbild in deinen Worten, in deinem Lebenswandel, in der Liebe, im Glauben, in der Lauterkeit" (1 Tim 4,12). Das heißt nicht, dass man keine Weisungen erteilen soll, und der Apostel selbst trifft Anordnungen, soweit das notwendig ist, manchmal sogar sehr nachdrücklich und dezidiert; doch ein Seelsorger sollte in erster Linie den Weg durch sein Vorbild weisen. Zum Vorbild werden, das ist ein unablässiger Ansporn, ein Stimulus, den wir in uns wahrnehmen sollten.

Weiter heißt es im Brief an Titus: „Gib selbst ein Beispiel durch gute Werke. Lehre die Wahrheit unverfälscht und mit Würde, mit gesunden unanfechtbaren Worten" (Tit 2,7). Bemerkenswert ist Vers 6, der sich auf die Heranwachsenden bezieht: „Ebenso ermahne die jüngeren Männer, in allen Dingen besonnen zu sein." Die Beziehung mit den Heranwachsenden (die offenbar auch in der damaligen Zeit nicht so ganz einfach war) wird seitens des Titus, der selbst ein junger Mann ist, durch das Vorbild und Zeugnis vermittelt, dass es Freude macht, das Leben am Evangelium zu orientieren.

Nachdem wir uns bemüht haben, die negativen und positiven Haltungen in der Seelsorge zu ergründen, die im ersten Petrusbrief beschrieben werden, möchte ich auf die Bedeutung von Vers 4 hinweisen, der diesen Abschnitt in dem Brief mit einer wunderbaren Perspektive abschließt: „*Wenn dann der oberste Hirt erscheint, werdet ihr den nie verwelkenden Kranz der Herrlichkeit empfangen.*" Der Lorbeerkranz ist die Siegesprämie derer, die bei den Rennen im Stadion gewonnen haben, nachdem sie große Anstrengungen und Opfer bis an die Grenzen ihrer Kräfte auf sich genommen hatten. Damit sagt Petrus gleichsam jedem von uns: „Da liegt ein Kranz für dich bereit, der du dich so sehr abmühst. Die Herde gehört dem obersten Hirten, sie gehört nicht dir. Diesem Hirten solltest du sie anvertrauen, so wie du auch dich selbst ihm anvertrauen solltest, indem du die Menschen in seinem Namen und mit seiner Autorität auf die Weide führst."

Wenn wir das alles nun zusammenfassen, so können wir sagen, dass Petrus uns geholfen hat drei weit verbreitete Fehlhaltungen in der Seelsorge ans Licht zu rücken, die wir mit dem positiven Vorbild Christi und der Apostel verglichen haben.

**Lesung zweier Texte aus dem Alten Testament**
Ich möchte zunächst vorausschicken, dass es im Alten Testament Beschreibungen gibt, die denen im Neuen Testament sehr ähneln. Das Problem der Hirten, die ihre Herde schlecht führen, ist in der ganzen biblischen Überlieferung sehr präsent. Als Beispiele möchte ich zwei Propheten zitieren:

Ezechiel 34,1–4:
*Das Wort des Herrn erging an mich: Menschensohn, sprich als Prophet gegen die Hirten Israels, sprich als Prophet und sag zu ihnen: So spricht Gott, der Herr: Weh den Hirten Israels, die nur sich selbst weiden. Müssen die Hirten nicht die Herde weiden? Ihr trinkt die Milch, nehmt die Wolle für eure Kleidung und schlachtet die fetten Tiere; aber die Herde führt ihr nicht auf die Weide. Die schwachen Tiere stärkt ihr nicht, die kranken heilt ihr nicht, die verletzten verbindet ihr nicht, die verscheuchten holt ihr nicht zurück, die verirrten sucht ihr nicht, und die starken misshandelt ihr.*

Angesichts einer solchen Beschreibung, die sich an die Könige und vielleicht auch an die Priester wandte, also an die weltlichen und religiösen Verantwortlichen, leuchtet die Gestalt des heiligen Franz von Sales auf, der keine Mühe scheute alle verlorenen Schafe zu suchen. Dafür eilte er hier in den Bergen umher, die wir heute vor uns haben, und dann kamen vielleicht drei oder vier Personen zum Gottesdienst.

Jeremias 23,1–2:
*Weh den Hirten, die die Schafe meiner Weide zugrunde rich-*

*ten und zerstreuen – Spruch des Herrn. Darum – so spricht der Herr, der Gott Israels, über die Hirten, die mein Volk weiden: Ihr habt meine Schafe zerstreut und versprengt und habt euch nicht um sie gekümmert. Jetzt ziehe ich euch zur Rechenschaft wegen eurer bösen Taten – Spruch des Herrn.*

Diese beiden Texte belegen, dass von solchen Fehlhaltungen in der gesamten Heiligen Schrift relativ häufig die Rede ist.

**Aus den Schriften des heiligen Franz von Sales**
Zu Beginn unserer Meditation hatte ich bereits kurz darauf hingewiesen, dass wir in den Werken des Franz von Sales lediglich Andeutungen zum Thema der Fehlhaltungen in den Beziehungen finden. In einem Brief an Mutter Chantal gesteht er beispielsweise, dass auch die Beziehungen pastoralen Charakters der Läuterung bedürfen:

> „Wann wird doch endlich diese natürliche Liebe zum eigenen Blut, zum Herkömmlichen, Schicklichen, zu Verbindlichkeiten, Sympathien und Gnaden geläutert und zum vollkommenen Gehorsam gegenüber der ganz reinen Liebe zum Wohlgefallen Gottes umgewandelt werden?“

Er beschreibt also die positiven Aspekte der natürlichen Liebe und rückt die Notwendigkeit ans Licht sie dem Willen Gottes zu unterstellen. Er fährt dann fort:

> „Wann wird diese Eigenliebe keine Anwesenheit, keine äußerlichen Bekräftigungen und Zeichen mehr

wünschen, sondern völlig gestillt sein von der unveränderlichen und unwandelbaren Gewissheit, die Gott ihr von seiner Beständigkeit gibt?"

Er zieht es vor seinen Blick mehr auf die unveränderliche, läuternde Liebe Gottes zu richten, als sich bei seinen Versäumnissen und Fehlern aufzuhalten.

„Was kann schon Anwesenheit einer Liebe hinzufügen, die Gott geschaffen hat, stützt und erhält? Welche Anzeichen von Beharrlichkeit kann man von einer Einheit verlangen, die Gott begründet hat?"

(An Johanna von Chantal, Annecy, 15.–17. Mai 1616; DASal 5,289)

Auf einer anderen Seite sehen wir die Einsatzbereitschaft des Heiligen, gleichsam ein lebender Kommentar zu dem Begriff *prothúmos* – „mit ganzer Hingabe" –, im Gegensatz zum schnöden Gewinn und gemeinen Eigennutz:

„Ich habe Ihre beiden Briefe ... etwas später erhalten, als Sie dachten und ich gewünscht hätte, früh genug aber um mir Freude zu bereiten, da sie in etwa Zeugnis ablegen von der Besserung Ihrer Seelenverfassung. Gott sei ewig dafür gepriesen! In deren Beantwortung will ich Ihnen gleich zu Anfang sagen, dass Sie mir gegenüber keinerlei zeremonielle oder entschuldigende Worte gebrauchen sollen, da ich Ihnen doch durch Gottes Willen alle Zuneigung entgegenbringe, die Sie sich nur wünschen können, und auch gar nicht anders könnte.

Ich liebe Ihren Geist ganz fest, weil ich denke, dass Gott es will, und zärtlich, weil ich ihn noch schwach und jung sehe. Schreiben Sie mir also in Ihren Briefen voll Vertrauen und Offenheit und fragen Sie, was Sie für Ihr Wohl erforderlich erachten. Das sei ein für allemal gesagt."

(An Fräulein von Soulfour, Annecy, 16. Januar 1603; DASal 6,29)

Franz stellt sich nicht die Frage, ob diese junge Frau eine wichtige Person ist oder nicht, es ist für ihn nicht entscheiden, ob sie als Novizin im Kloster bleiben wird oder nicht. Er ist bereit ihr in jedem Falle beizustehen, und stellt sich dafür mit äußerster Feinfühligkeit voll zur Verfügung.

**Fragen für die Meditation**

Ich gebe zwei Fragerichtungen vor, die für die persönliche Meditation von Nutzen sein können.

1. Wir sind alle imstande die Fehler oder Irrwege in der Seelsorge bei den anderen wahrzunehmen. Aber erkennen wir sie auch in uns selbst? Folgende Fragen könnten dazu wie eine Art Lackmuspapier dienen: Wie reagiere ich auf Kritik? Verdränge ich sie, missachte ich sie, spiele ich sie herunter? Oder versuche ich zu sehen, welch wahrer Kern dahinter steckt, ohne mich aus der Fassung bringen zu lassen? Normalerweise zeichnen sich die Fehlhaltungen in der Seelsorge dadurch aus, dass wir uns immer und überall rechtfertigen wollen und anderen die Schuld geben. Da handelt es sich bereits um einen Irrweg, der

die Unfähigkeit ans Licht bringt uns selbst in Frage zu stellen und uns einzugestehen, dass wir auf jeden Fall noch recht weit vom Ideal entfernt sind.

2. Es gibt eine Bewältigung einiger grober Fehlhaltungen in den Beziehungen in der Seelsorge, die wirklich eines energischen Eingreifens bedürfen, indem wir uns selbst zur Disziplin rufen. Doch es gilt auch subtilere Fehler zu überwinden; letzteres aber schaffen wir nur, wenn wir im Gebet vor Gott leben. Setze ich alles daran so zu beten und zu einer immer tieferen Einheit mit Christus zu gelangen, damit ich von allen unvermeidlichen Formen der Fehlhaltungen in den Beziehungen geläutert werde, die sie trüben und weiter beeinträchtigen werden, die aber der gütigen und geduldigen heilenden Hand des Herrn anvertraut werden sollten?

## *Das Mysterium der dreifaltigen Liebe*

## Das Geheimnis des Franz von Sales

## Zweite Predigt[9]

Der Dompfarrer, der uns in der Kirche Sankt Peter Gastfreundschaft gewährte, heißt uns heute in der wunderschönen Sankt Mauritius-Kirche willkommen. Wir möchten ihm danken, weil er uns ein Beispiel der Einheit in der Seelsorge gibt. Er betreut drei frühere Pfarrgemeinden, die zu einer Pfarrei mit insgesamt über 20.000 Seelen zusammengelegt worden sind. Die Sankt Mauritius-Kirche erinnert uns nicht nur an die frühen Jahre im Christsein des heiligen Franz von Sales, der hier im Jahre 1575 seine Erstkommunion und die Firmung empfing und auch im Katechismus unterrichtet wurde. Später hielt er dann selbst den Katechismusunterricht und war ein leidenschaftlicher Verkündiger des Wortes Gottes.

In der ersten Lesung aus der Heiligen Schrift, die wir gehört haben (Apg 5,17–26), findet sich ein interessanter Begriff: „Ein Engel des Herrn öffnete nachts die Gefängnistore (in dem die Apostel gefangen gehalten wurden), führte sie heraus und sagte: Geht, tretet im Tempel auf und verkündet dem Volk alle Worte dieses Lebens“ (Verse 19–20). Der Auftrag des Engels ist der gleiche wie der Jesu am Schluss des Matthäusevangeliums: „Geht zu allen Völkern und macht alle Menschen zu meinen Jüngern; tauft sie auf den Namen des Vaters und des Sohnes und des Heiligen Geistes“ (Mt 28,19). Es ist ein Auftrag der Verkündigung des Glaubens ans Volk in einer nicht einfachen Situation, fast unter Lebensgefahr. Ihm war Franz während seines ganzen Lebens gehorsam, indem er den Menschen das Wort Gottes verkündete, und er war dafür bereit sein Leben einzusetzen.

Das Beeindruckende seiner Wortverkündigung – im Unterschied zu der anderer herausragender Priester und Bischöfe seiner Zeit – ist die Tatsache, dass man sie noch heute mit Freude liest. Wieso liegt eine solche Faszination in seinen Worten? Weshalb sprechen uns seine Bücher, seine Briefe, seine Abhandlungen so unmittelbar an? – Es gibt in ihm ein besonderes Geheimnis, das ich ein wenig aufdecken möchte.

**Wo liegen die Gründe seiner Faszination?**

Ich glaube, diese Faszination beruht vor allem auf der Tatsache, dass Franz sehr häufig Bilder verwendet, sowohl aus der Heiligen Schrift wie auch aus der Welt der Natur, entsprechend dem Wissensstand seiner Zeit. In seiner Verkündigung gibt er den Pflanzen, Blumen und Tieren, die er um sich herum an diesem wunderschönen Ort sieht, eine Rolle. Er weiß, dass man die Menschen mit Bildern und Vergleichen ansprechen muss. Deshalb sucht er jedesmal ein Bild oder ein Gleichnis zu finden für das, was er sagen möchte. Er benutzt also die Parabelsprache.

Dann gibt es einen bemerkenswerten zweiten Grund für die Faszination seiner Schriften. Franz hat instinktiv das Gespür für das Geschichtliche des Heilsgeschehens; deshalb stellt er in seiner Wortverkündigung das erzählerische Moment sehr in den Vordergrund. Vielleicht entdekken wir dessen Bedeutung in diesen Jahren neu, aber ihm war das von Natur aus mitgegeben. Als er beispielsweise sein mystisches Werk, den *Theotimus*, vorbereitete, stellte er sich bei seiner Gliederung einfach eine Person vor und kommentierte das mit folgenden Worten: „Ich schreibe ... in jeder freien Viertelstunde das wunderbare Leben einer Heiligen [Die Heilige Liebe]" (An Johanna von Chantal, Annecy, 11. Februar 1607; DASal 5,138). Er konzipierte den Theotimus in der Tat als episches Werk, als Geschichte, die man erzählen kann:

> „Ich habe nur daran gedacht, einfach und schlicht, ungekünstelt und ungeschminkt die Geschichte der Entstehung, des Fortschritts und Verfalls der göttlichen Liebe, ihrer Werke, Eigenschaften, Vorzüge und Erhabenheit zu beschreiben."
>
> *(Abhandlung über die Gottesliebe, Vorwort; DASal 3,38)*

Ich nehme an, dass er auch für seine geplante Abhandlung über die Nächstenliebe die epische Form gewählt hätte; das ist nämlich eine sehr effektive Gestaltungsform, die im Stil und Geist der Heiligen Schrift entspricht.

Ein dritter Grund beruht auf der Tatsache, dass er für die Erstellung seiner Schriften wenig Zeit hatte: Er schrieb sie in kleineren oder größeren Abschnitten, ohne dass es jemand merkte, indem er die Zeit dafür seinem Schlaf entzog. Natürlich war er entsprechend gebildet und nicht ohne Grund ist er ein sehr unterhaltsamer Autor. Allerdings maß er dem, wie man über ihn denken würde, kein Gewicht bei; denn ihm ging es nicht um den Erfolg. Er schrieb das, was ihm sein Herz eingab. Das bewahrte ihn

vor den schwülstigen Worten und der Affektiertheit des in seinem Jahrhundert üblichen Sprachstils.
Ein letzter Grund der Anziehungskraft, die von den Werken des heiligen Franz von Sales ausgeht, liegt in der Aufrichtigkeit seiner Liebe zu Gott. Er fühlt sich von ihr ganz umgeben, bringt seine Empfindungen zum Ausdruck, bleibt nicht auf Distanz, sondern ist ganz offen in seinen Worten und sagt das, was ihm am meisten am Herzen liegt: die Liebe zu Gott. Aus seinen Worten spricht das enorme Maß der Liebe dieses Heiligen.

**Das Bild für die Liebe Gottes**

Der Abschnitt aus dem Evangelium (Joh 3,16–21), den wir bei dieser Messe gehört haben, berichtet etwas von der Begegnung zwischen Jesus und Nikodemus und beginnt mit diesen Worten: „Gott hat die Welt so sehr geliebt, dass er seinen einzigen Sohn hingab, damit jeder, der an ihn glaubt, nicht zugrunde geht, sondern das ewige Leben hat.“ – Franz war dermaßen von dieser Liebe Gottes durchdrungen, die er ständig betrachtete, dass er sie zum Sinnbild für den Orden der Heimsuchung machte: das Herz Christi. Das Herz Jesu, das später in den Visionen der heiligen Margareta Maria Alacoque eine große Rolle spielen wird, in denen gewissermaßen die Absicht des Gründers des Ordens der Heimsuchung neu ins Blickfeld rückt. Franz hatte also ein Bild für die Liebe Gottes gefunden. Da ich den sehr bedeutungsreichen Abschnitt aus dem Johannesevangelium nicht ausführlich kommentieren kann, möchte ich zumindest ein paar Worte zitieren, mit denen Franz das Geheimnis zusammenfasste, das er im Innern der Dreifaltigkeit begriff:

„Von Ewigkeit her erkannte Gott, dass es in seiner Macht steht, zahllose Geschöpfe verschiedener Eigenschaften und Vollkommenheiten zu erschaffen, denen er sich mitteilen könnte. Er erwog nun, dass unter allen Möglichkeiten sich mitzuteilen, es keine so innige und erhabene gäbe, als sich so mit einer geschaffenen Natur zu vereinigen, dass diese förmlich auf die Gottheit gepfropft und ihr einverleibt und so mit ihr eine einzige Person würde. Daher beschloss die göttliche Güte, die von selber und durch sich selbst zur Mitteilung drängt, eine solche Vereinigung mit einem Geschöpf einzugehen. Wie von Ewigkeit her in wesenhafter Mitteilung der Vater seine unendliche und unteilbare Gottheit dem Sohn durch Zeugung mitteilt und Vater und Sohn ihre eigene und einzige Gottheit dem Heiligen Geist mitteilen, der von ihnen ausgeht, so wollte Gott auch, dass seine erhabene Güte einem Geschöpf in ganz vollkommener Weise mitgeteilt würde. Unter Beibehaltung der Naturen, der göttlichen und geschöpflichen, samt deren Eigenschaften, sollten beide so innig miteinander verbunden werden, dass sie nur eine einzige Person bildeten."

(Abhandlung über die Gottesliebe, II. Buch, 4. Kapitel; DASal 3,108)

Ein anderer Text belegt, dass seine Gewandtheit im Sprechen über die Liebe Gottes und sein Verständnis der Geheimnisse der Dreifaltigkeit in der Inkarnation und im Leben nicht einer emotionalen Gemütslage entsprangen. Er war nämlich aus eigener Erfahrung mit der geistigen Trokkenheit und der Nacht des Glaubens durchaus vertraut.

> „Nein Herr, ich will mich weder meines Glaubens noch meiner Hoffnung, noch meiner Liebe mehr erfreuen. Ich will nur in Wahrheit sagen können – wenn auch ohne Lust und Gefühl –, dass ich eher sterben wollte, als meinen Glauben, meine Hoffnung und meine Liebe aufgeben ... Das ist der Höhepunkt der heiligen Ergebung, mich mit bloßen, trockenen und gefühllosen Akten zu begnügen, die vom höheren Willen allein geübt werden; ebenso wie es der höchste Grad der Enthaltsamkeit wäre, sich darauf zu beschränken, stets nur mit Widerwillen zu essen und nicht nur ohne Lust oder Geschmack daran."
>
> (An Johanna von Chantal, Chambéry, 28. März 1612; DASal 5,240)

Ihm war also klar geworden, dass die innere Läuterung der menschlichen Empfindungen das bedingungslose Eingehen auf den Willen Gottes zur Folge hat, der sich eben auch – und zwar ganz wesentlich – in der Abwesenheit einer gefühlsmäßigen Wahrnehmung äußern kann. Um es mit anderen Worten zu sagen: Franz von Sales war erfüllt vom Geheimnis des Willens und der Wahrheit Gottes, über jene gefühlsmäßige Zuneigung hinaus, die in seinen Schriften übermäßig erscheinen mag, aber typisch ist für die Zeit, in der er lebte. Er glaubte nämlich aus tiefem Herzen an Gott, der „die Welt so sehr geliebt hat, dass er seinen einzigen Sohn hingab" (Joh 3,16).

*„Wir schreiben dies,*
*damit unsere Freude vollkommen ist“*
(1 Joh 1,4)

# Die Hoffnung auf Reife

## Vierte Meditation

**Einführende Worte**

Der Titel unserer letzten Meditation will darauf hindeuten, dass in dem Maße, wie unsere Beziehungen in der Pastoral reifer werden, auch wir als Seelsorger zur Reife gelangen. Sie haben also eine positive Rückwirkung auf die Person des Priesters selbst. Aber gibt es wirklich diese „Hoffnung auf Reife“? Wächst der Priester tatsächlich in seinem Ausdrucksvermögen in den seelsorgerlichen Beziehungen, die immer mehr an Reife gewinnen? Ich meine, diese Hoffnung besteht, wenn zwei Voraussetzungen erfüllt sind:

a) man muss sich von sich selbst und den Früchten seines Wirkens lösen können;
b) man muss sich mit ganzem Herzen auf das Geheimnis Gottes einlassen.

Andere, die das besser als wir selbst beurteilen können, werden dann feststellen, dass wir reifer werden, auch wenn es uns selbst nicht bewusst ist.

Ich möchte dieses Thema so angehen, indem ich hauptsächlich von wenig bekannten und nicht leicht zugänglichen Abschnitten aus den Briefen des Franz von Sales ausgehe, von denen wir viel lernen können. Nach einem kurzen Rückgriff auf den Kontext von 1 Joh 1,4 und ein paar Worten über die „Freude“ werde ich einige Bilder und Texte aus den Evangelien bringen, die uns in eine systematische Lektüre der Texte des Heiligen einführen werden. Zum Schluss stellen wir uns dann einige Fragen.

**Schriftlesung 1 Joh 1,4**

Der Kontext von Vers 4, in dem von der gemeinsamen Freude gesprochen wird, ist sehr feierlich:

*Was von Anfang an war, was wir gehört haben, was wir mit unseren Augen gesehen, was wir geschaut und was unsere Hände angefasst haben, das verkünden wir: das Wort des Lebens. Denn das Leben wurde offenbart; wir haben gesehen und bezeugen und verkünden euch das ewige Leben, das beim Vater war und uns offenbart wurde. Was wir gesehen und gehört haben, das verkünden wir auch euch, damit auch ihr Gemeinschaft mit uns habt. Wir aber haben Gemeinschaft mit dem Vater und mit seinem Sohn Jesus Christus* (1 Joh 1,1–3).

Und am Schluss heißt es dann:

„*Wir schreiben dies, damit unsere Freude vollkommen ist*“ (Vers 4).

Der Kontext liegt also auf der Ebene der höchsten Beziehungen: im Kontakt mit dem *Wort* und in der Gemeinschaft mit dem Vater und dem Sohn, an der die ganze Gemeinde Anteil erhält. Aus diesen Beziehungen, aus dieser Gemeinschaft erwachsen neue, freudebringende, echte Beziehungen unter den Menschen: „Wir schreiben dies, damit unsere Freude vollkommen ist." Bemerkenswert ist, dass aufgrund der leichten Verwechslung zwischen „unsere" und „eure" in der griechischen Sprache in vielen Manuskripten „eure Freude" steht. Dennoch ist die Entscheidung für die Version „unsere Freude" sicher die bessere, weil ja eine gute Beziehung auch dem, der die Beziehung anbietet, zur Freude gereicht und nicht nur denen, an die sie sich richtet. Helfer eurer Freude zu sein, das heißt in der persönlichen Freude zu wachsen.

### Motive und Texte aus dem Evangelium

Es gibt ein Bild, das nicht aus der Heiligen Schrift stammt, mich aber immer tief berührt hat: Es ist das Bild des Priesters Don Orione, über den Ignazio Silone in seinem Buch *Notausgang*[10] schreibt. Da wird die Geschichte eines verschüchterten, misstrauischen Heranwachsenden mit sozialistischen Ideen erzählt, der als Waise allein geblieben ist und vom Priester Don Orione nach einem Erdbeben aus den Trümmern geborgen wird. Er geht dann mit dem Priester auf eine Reise. Die nach meinem Urteil hervorragende Erzählung rückt ans Licht, mit welch enormer Feinfühligkeit und Rücksicht der Priester eine väterliche Beziehung aufzubauen versteht und mit welcher Aufmerksamkeit und welchem Respekt er sich gegenüber diesem gehemmten und verängstigten jungen Mann verhält. Ich erinnere mich da an die Episode, als der Junge in die Bahn-

hofshalle gehen will um sich die Tageszeitung „Avanti!“[11] zu kaufen. In diesem Moment hat er zunächst Angst, dass der Priester ihn deswegen ausschimpfen wird. Dann aber merkt er, dass der Priester ihm keinen Vorwurf macht – und so verliert er allmählich seine Gehemmtheit. Bekanntlich war diese autobiographische Begegnung für das Leben des Ignazio Silone sehr wichtig, ja entscheidend.
Hier haben wir das Bild eines Priesters, der in seinen Beziehungen bis zu einem Punkt gereift ist, dass er sie mit einer solchen Würde und in einer solchen Freiheit lebt, dass er das Leben des jungen Mannes, der soeben der Tragödie des Erdbebens entronnen ist, in entscheidender Weise prägt. Wir können an viele andere Priester denken, die eine solche Väterlichkeit, eine so große Feinfühligkeit, einen solchen Edelmut in ihrer Persönlichkeit erreicht haben, und gleichzeitig diese Aufmerksamkeit, ein derartiges Fingerspitzengefühl – in einem Wort, die in ihren Beziehungen zur vollen Reife gelangt sind.
Von Franz von Sales könnten wir da viele andere Bilder aus zahlreichen Episoden seines Lebens anführen. Er verstand es nämlich, Menschen mit schwierigem Temperament korrekt zu behandeln und ihnen Freude zu vermitteln, wobei er selbst in seiner Geduld, Demut und inneren Freiheit wuchs. Es war diese Geduld, die zum Geheimnis seines Lebens wurde.
Was die Texte aus dem Evangelium betrifft, so möchte ich auf drei Arten von Beziehungen etwas näher eingehen: die Beziehung Jesu mit Nikodemus (in der Art eines Lehrenden), die Beziehung mit der Samariterin (in der Art eines Pädagogen) und die Beziehung mit dem Blindgeborenen (in der Art eines Heilenden). Als ich darüber nach-

dachte, welche gemeinsamen Eigenschaften man der reifen Beziehung zuordnen kann, die Jesus mit so unterschiedlichen Menschen hat, stieß ich auf vier Merkmale: sein Hinhören, sein Respekt, seine Freimütigkeit und seine Geduld.

Zunächst das *Hinhören*: Jesus empfängt den Nikodemus, der sich zu ungelegener Zeit und unerwartet an ihn wendet, und hört ihm zu. Jesus hört sich auch die anfänglich schüchternen und dann irrigen Fragen der Samariterin an; er nimmt sich des Blindgeborenen an, der sich nicht äußern kann (er fordert nichts) und sich gleichgültig verhält (er bedankt sich nicht und ihm ist gar nicht bewusst, dass das Geschehene sein Leben ändern könnte). Jesus ist offen für alle aufrichtigen Gefühle dieser drei schwierigen Personen.

Alle werden sie von ihm mit höchstem *Respekt* behandelt, nicht nur der Rabbi Nikodemus, sondern auch die fremde Frau sowie der gesellschaftlich ausgegrenzte und ungebildete Bettler.

Zu diesem Respekt gesellt sich bei Jesus seine *Freimütigkeit*, die wir aus einigen Textstellen herauslesen können: „Du bist der Lehrer Israels und verstehst das nicht" (Joh 3,10); „Geh, ruf deinen Mann, und komm wieder her!" (Joh 4,16). Diesen Worten folgt ein weiteres, das noch stärker ist: „Ich bin es [der Messias], der mit dir spricht" (Joh 4,26). Für eine echte Beziehung ist es wichtig, dass der Freimütigkeit viel Geduld, ausdauerndes Hinhören und große Aufmerksamkeit vorausgeht.

Ein weiteres Merkmal ist die *Geduld*. Jesus lässt beispielsweise dem Nikodemus Zeit, das zu verarbeiten, was er empfangen hat; und der Rabbi wird zeigen, dass er das in

sich aufgenommen hat, in dem Moment, als er mit Josef von Arimathäa den Leichnam Jesu abnimmt und eine Mixtur aus Myrrhe und Aloe bringt. Jesus lässt der Samariterin Zeit und verlangt auch nicht von dem Bettler, an dem er das Wunder gewirkt hat, sofort einen Akt des Glaubens.
An diesen drei Bildern aus dem Evangelium erkennen wir die Fähigkeit Jesu neue Beziehungen herzustellen. Durch sie kann etwas Neues entstehen wie auch Reife, Selbstbeherrschung und Freude, die er durch diese Beziehungen in sich selbst wie ein Echo erfährt.

## Aus den Schriften des heiligen Franz von Sales

Im Lichte des Wortes „Wir schreiben dies, damit unsere Freude vollkommen ist" (1 Joh 1,4) und der Beziehungen Jesu machen wir uns jetzt an die Lektüre einiger Schriften des Bischofs von Genf, wobei wir uns auf vier besonders bedeutsame Fragen konzentrieren:

- Was ist die Triebfeder seiner Beziehungen?
- Wo liegt ihre eigentliche Wurzel?
- Welche Früchte gehen daraus hervor?
- Wo ist der bevorzugte Ort dieser Beziehungen?

### Die Triebfeder

Im Blick auf den Tag seiner Priesterweihe schreibt er, dass er an ihm

> „... das große, furchtgebietende Gelübde machte, mich der Seelen anzunehmen und nötigenfalls für

> sie zu sterben. Wenn ich mich jetzt daran erinnere, so müsste ich darüber erschrecken."
>
> (An Johanna von Chantal, Annecy, 21. November 1604)

Seine Motivation ist eindeutig: der Wille sich anderer anzunehmen, die Bereitschaft mit besonderer Aufmerksamkeit aus Liebe zu Gott für die Menschen dazusein. Das ist eine sehr starke Triebfeder, die all seine Mühen, seine geistlichen Prüfungen und die Widerwärtigkeiten in seinem Leben aufwiegt und ihn trägt. Im Übrigen ist es sein Wunsch sich der schwierigsten Personen und der schwächsten Menschen anzunehmen:

> „Wie sagt doch der hl. Bernhard so göttlich schön, dass die Aufgabe der Seelenbetreuung nicht die starken Seelen betrifft, denn diese machen ihren Weg auf eigenen Füßen; wohl aber muss sie den schwachen, gedrückten Seelen geboten werden; solche sollen auf den Schultern der Liebe, die allmächtig ist, getragen und ertragen werden."
>
> (An Äbtissin Bourgeois, Sales, 15.–18. April 1605; DASal 7,277)

Es war immer ein Vorsatz des Heiligen die Last der anderen auf sich nehmen zu wollen.

**Die Grundlage**

Die Grundlage der Beziehungen in der Seelsorge ist, wie wir bereits deutlich gemacht haben, der Wille Gott allein zu dienen, und zwar in einer ganz bestimmten Weise und ohne nachträgliches Bedauern.

„Wahrlich, ich empfand in den vergangenen Tagen, zu welch unendlichem Dank ich Gott verpflichtet bin, und mit tausend Freuden habe ich mich von neuem entschlossen, ihm mit der größtmöglichen Treue zu dienen und meine Seele noch beständiger in seiner göttlichen Gegenwart zu halten; und bei all dem empfand ich eine gewisse, nicht ungestüme, aber – so scheint es mir – doch wirksame frohe Entschlossenheit, meine Besserung in Angriff zu nehmen ... Mein Gott, sehr liebe Tochter meiner Seele, wie gern möchte ich aus Liebe zu meinem Heiland sterben! Zumindest aber, wenn ich schon nicht für ihn sterben kann, doch für ihn allein leben."

(An Johanna von Chantal, Chambéry, Ende Februar 1606; DASal 5,109)

Der Wunsch nach dieser Radikalität, Gott allein dienen zu wollen, kommt auch in den Zeilen an den Prior eines Klosters zum Ausdruck:

„Im Vertrauen auf Ihre Liebe sage ich, wenn ich in meinem Herzen auch nur die Spur einer Regung mutmaßen würde, die nicht auf Gott hin gerichtet wäre oder die einer anderen Liebe gelten würde als die zu Gott, ich würde alle Anstrengungen unternehmen, diesen unrechtmäßigen und treulosen Sohn meines Herzens aus meinen Eingeweiden zu tilgen, und würde das nicht einen Moment lang dulden."

(An den Prior des Klosters von Talloires, Pater Claude Louis Nicolas de Quoex, gleiches Datum)

Wir sehen da eine Seite des heiligen Franz von Sales, die offensichtlich im Gegensatz zu seiner Liebenswürdigkeit und Sanftmut steht: Er ist ein sehr resoluter Mann, mit außerordentlicher Charakterstärke, ein Mann, der durchaus hart sein kann, der jedoch auch mit extremer Geduld und Liebenswürdigkeit handeln kann.

> „Schließlich gehören wir Gott, ganz, vorbehaltlos, ungeteilt, ausnahmslos und ohne anderes zu beanspruchen als die Ehre die Seinen zu sein. Hätten wir nur eine einzige Liebesflamme in unserem Herzen, die nicht ihm gehörte und von ihm käme, o Gott, wir würden sie unmittelbar ausreißen."
>
> (An Johanna von Chantal, Ende Juli oder Anfang August 1606; DASal 5,122)

Der Wille, Gott allein zu dienen und deshalb alles auszutilgen, was ihn von Gott entfernt, prägt die Kraft und Ausdauer des heiligen Franz von Sales, sodass er immer mit innerer Freiheit und souverän handeln kann, weil diese Grundlage für ihn nie in Frage steht.

**Die Früchte**

Aus der Wurzel der Beziehungen entstehen die Früchte, die ich mit zwei Metaphern umschreiben möchte: geistliche Vaterschaft und Brüderlichkeit.

Die *geistliche Vaterschaft* ist ein persönlicher Reifungsprozess, in dem eine stabile, regelmäßige und ausgeglichene Beziehung mit anderen hergestellt wird. Dieser Begriff wird gegenwärtig nicht mehr so häufig gebraucht wie früher. Wir sind nämlich zum einen dazu erzogen worden,

dass dieser Begriff zweideutig aufgefasst werden kann; zum anderen könnten die Leute den Eindruck haben, sie sollten in einem Zustand der Unmündigkeit und Unterlegenheit gehalten werden. Der Begriff kommt jedoch in dem nachsynodalen Apostolischen Schreiben *„Pastores dabo vobis*“ (25. März 1992) vor:
„Der Zölibat muss also als unschätzbares Geschenk Gottes, als ‚Antrieb der Hirtenliebe‘, als einzigartige Teilnahme an Gottes Vaterschaft und an der Fruchtbarkeit der Kirche und als Zeugnis vor der Welt für das eschatologische Reich in freier und von Liebe getragener Entscheidung angenommen und unablässig erneuert werden.“ (Nr. 29)
Die geistliche Vaterschaft des Priesters wird also in besonderer Weise durch den Zölibat mit seiner unwiderruflichen Entscheidung für Gott in der Nachfolge Jesu verbunden und wird sogar als „einzigartige Teilnahme an Gottes Vaterschaft“ dargestellt. Von daher ist es angebracht die theologische Tiefe der geistlichen Vaterschaft auszuloten, auch wenn man heute wegen der negativen Deutungsmöglichkeiten des Begriffs darauf nicht unbedingt ausdrücklich beharren sollte.
Kehren wir zurück zu Franz von Sales, der sich häufig dazu äußert:

> „Bitte sehen Sie, wie sehr ich meinen Geist in aller Freiheit um den Ihren kreisen lasse und wie sehr dieser Vatername mich fortreißt, mit dem mich zu ehren Ihnen gefallen hat. Ist er doch in mein Herz eingedrungen und meine Empfindungen sind den Gesetzen der Liebe gefolgt, die dieser Name ver-

körpert, der größten, lebendigsten und stärksten Liebe, die es gibt."

(An den Herzog de Bellegarde, Annecy, 24. August 1613; DASal 6,247)

Und ein anderes Mal, im Jahre 1616:

„Zu Beginn dieses neuen Jahres bringe ich Ihnen meine Wünsche und meinen Gehorsam dar, verschieden gewiss von den Jahren, die alle in ihrer Unbeständigkeit und ihren Umwälzungen vergehen, während die unbegrenzte Zuneigung, die ich zu Ihrer Ehre habe, fest, beständig und jedem anderen Wechsel fremd bleibt als dem, dass diese Zuneigung stets größer wird. Sie wurde ja von der ewigen Hand Gottes geformt; ebenso wurde das Wohlwollen, das Sie für mich hegen, in Ihrem Geiste von Gott geschaffen und daher für ewig. Diese so ganz wunderbare Leidenschaft hat mich über die Gesetze der Natur hinaus damit beschenkt, Sie als Sohn haben zu dürfen, während sie Ihnen, mein Herr, den Mut und die Demut verlieh, mich als Ihren Vater anzuerkennen ... Ich weiß wohl, dass gute Kinder oft an ihren Vater denken; aber nicht nur oft, sondern immer haben die Väter ihren Geist bei ihren Kindern."

(An den Herzog de Bellegarde, Annecy, 6. Januar 1616; DASal 6,252)

Ein letzter Text, unter den sehr zahlreichen, die man auswählen könnte, um euch verständlich zu machen, wie das

Gespür für die geistliche Vaterschaft in seinem Handeln zu einer Konstante, zu einer beständigen Frucht wurde:

„Meine liebe Tochter, Sie machen mir gewiss viel Freude, mich Ihren Vater zu nennen, denn ich hege wahrhaftig ein liebevoll väterliches Herz für das Ihre. Ich finde es wohl immer ein wenig schwach, diesen gewöhnlich leichten Ärgernissen gegenüber, auf die es stößt. Und doch höre ich nicht auf es zu lieben, denn wenn es auch manchmal den Mut zu verlieren scheint wegen einiger Worte des Tadels, so hat es doch noch nie wirklich seinen Mut verloren, dieses arme Herz; denn sein Gott hat es mit seiner starken Hand gehalten und nach seiner Barmherzigkeit niemals sein armseliges Geschöpf im Stich gelassen."

(An Schwester de Chastel vom Orden der Heimsuchung, Annecy, 28. Oktober 1614; DASal 7,74)

Hin und wieder verwendet der Heilige auch die *Brüderlichkeit* als Metapher:

„Bei Gott, fürchten Sie nicht mich zu belästigen. Ich habe mein Leben und meine Seele Gott und seiner Kirche geweiht; was tut es, wenn ich Mühe habe, da ich alles zum Heil der Seelen aufwende? Behandeln Sie mich also brüderlich, denn Sie wissen, dass zwischen uns alles in Liebe und für die Liebe geschieht."

(An Vespasian Ajazza, Abt von Abbondance, Annecy, 3. April 1611; DASal 8,167)

In all diesen Bildern wird deutlich, wie die innere Standfestigkeit des Franz von Sales durch das Wachsen der Beziehungen immer stärker wird und wie er in verschiedenen Metaphern Zeugnis gibt von der Reife, zu der er in seiner Beziehung mit anderen Menschen gelangt ist.

**Ein privilegiertes Feld für das Reifen**

Es ist vielleicht etwas, von dem heute nicht mehr oft Gebrauch gemacht wird, für den Heiligen aber war es eine wunderbare Schule: die *Seelenführung*. Franz von Sales pflegte – wie ja auch seinen Briefen zu entnehmen ist – alle Arten von Beziehungen, er predigte das Wort Gottes, er hörte Beichte und übte verschiedene Ämter aus; dennoch ist die Seelenführung das Feld, auf dem er selbst am meisten gewachsen ist und anderen Menschen auf ihrem Weg zur Reife geholfen hat. Er hat erfahren, dass die geistliche Begleitung anderer für den Seelsorger eine Möglichkeit ist durch die Gaben bereichert zu werden, die den anderen mitgegeben worden sind. Die Seelenführung gewährt Einblicke in das Wirken Gottes und die Wunder, die Gott in den Herzen vollbringt. Von daher ist es eine Beziehung, die das Gebet reifer werden lässt, die zur Fürbitte und zum Danken drängt, sodass man Gott wie Maria für seine Großtaten preist.

Wenn die Seelenführung gut gelebt wird, ist sie eine großartige Schule für den Priester selbst. Sie wird für ihn zu einem Ansporn auf dem Weg des Glaubens weiter voranzugehen. Er bekommt Einblicke in die Gaben und Wege anderer; und von dem Moment an, wo der Priester diejenigen führen soll, die sich ihm anvertrauen, ist er unermüdlich auf der Suche nach den Wegen Gottes. Die geistliche Begleitung ist wirklich eine hervorragende Schule und eine enorme Gnade, die heute in der Kirche wohl nicht hoch genug eingeschätzt wird.

**Fragen für die Meditation**

Ich bin der Meinung, dass die Seelenführung nicht sofort, im ersten Jahr des priesterlichen Dienstes zu empfehlen ist. Doch in jedem Fall ist der Priester nach und nach durch das Bußsakrament dazu berufen sie zu praktizieren. Es ist ein Feld, nicht nur um andere zu begleiten, sondern um auch persönlich in den Beziehungen reifer zu werden. Ich schlage deshalb drei Fragen vor, die für die persönliche stille Meditation nützlich sein können.

1. Habe ich bereits Erfahrungen in der geistlichen Begleitung? Wenn wir schon solche Erfahrungen gemacht haben, wäre es gut, dass wir sie uns bewusst machen, um zu verstehen, ob in ihnen Fehler oder Irrwege stecken: Haben sie mir geholfen zu wachsen, oder war das für mich nur eine Anstrengung und hat mir Schwierigkeiten bereitet?

2. Wie verhalte ich mich? Dränge ich die geistliche Begleitung auf oder flüchte ich vor ihr? Beides sind falsche Haltungen. Die erste entspringt nämlich einem ausgeprägten Willen über andere zu herrschen und eigene Macht zu bekommen, wobei die Menschen in ihrer Freiheit behindert werden. Die zweite beruht auf der Angst dieser Aufgabe nicht gerecht werden zu können. Zwischen diesen beiden Extremen liegt die wahre, uneigennützige Aufmerksamkeit, um den Menschen auf ihren Wegen zu hel-

fen, dass sie Gottes Pläne und ihre Berufung entdecken. Normalerweise entstehen die Berufungen – zum Priestertum und zu einem gottgeweihten Leben – aus der geistlichen Begleitung.

Ausgehend vom Bußsakrament sollten wir uns darum bemühen zu verstehen, wer mehr als andere Begleitung braucht, und demjenigen dann auch geistlich beistehen, was auch uns selbst zugute kommt. Als ich die Gruppe „*Samuel*" gründete, habe ich die Jungen und Mädchen, die daran teilnahmen, gebeten sich einen geistlichen Begleiter zu suchen. Mich hat die Resonanz mehrerer junger Priester beeindruckt, die mir ihre Freude darüber mitgeteilt haben, dass sie ausgewählt worden waren und von dem einen oder anderen aus der Gruppe zu hören bekamen: „Ich möchte dich als meinen geistlichen Begleiter und bitte dich mir regelmäßig, in bestimmten zeitlichen Abständen auf meinem Weg zu helfen!"

3. Ist die geistliche Begleitung für mich ein Ansporn zum Gebet? Die Seelenführung ist ja keine reine Psychotherapie, sondern etwas, das im Geist Gottes, vor Gott getan wird, mit jener Reinheit der Absichten und des Herzens, wie sie Franz von Sales häufig forderte. Sie hilft beim Beten und Bitten um Fürsprache und beim Dank an den Herrn für die Menschen, denen wir beistehen und die uns helfen. Wenn wir die geistliche Begleitung beständig praktizieren, werden wir merken, dass sie ziemlich wichtig für uns wird. Wenn wir nämlich die schwierigen Momente anderer kennen, dann können wir auch uns selbst besser und objektiver einschätzen und verstehen, wer wir sind und wie wir unseren Weg gehen sollen.

**Ein Motiv zum Abschluss**

Ich schließe mit einem letzten Motiv, das uns das Geheimnis der Heimsuchung in Erinnerung ruft, das Wort der Elisabeth: „In dem Augenblick, als ich deinen Gruß hörte, hüpfte das Kind vor Freude in meinem Leib" (Lk 1,44). Der positive Effekt einer echten Beziehung in der Seelsorge ist der Wirkung der Stimme Marias ähnlich: Da wird das geweckt, was jeden Menschen am tiefsten berührt. Es ist eine Beziehung, die mit allen Kräften das Gute des anderen will und erreicht. Darauf mündet sie in einem *Magnificat* wie ein Echo gegenüber dem, der sie geschenkt hat. Maria bringt nämlich, nachdem ihr Gruß Freude gebracht hat, dann diese selbst in einem wundervollen Lobpreis zum Ausdruck; sie lebt die Freude dieser Beziehung der Hilfe, die sie in aller Einfachheit der Elisabeth angeboten hat.

Wenn wir in der Basilika der Heimsuchung meditieren und beten, dann können wir ein wenig besser verstehen, was Maria empfunden haben mag; und so können wir dem Herrn Lob und Dank sagen für das Geschenk dieser Tage, die wir gemeinsam erlebt haben.

## Der Gründer des Ordens der Heimsuchung

## Dritte Predigt[12]

**Die Gründung des Ordens der Heimsuchung**
Von Herzen danken wir dem Rektor der Basilika, der uns aufnimmt und uns die Möglichkeit gibt, im Gedenken an die Heiligen Franz und Johanna zu beten, deren sterbliche Überreste hier in diesem Gotteshaus verehrt werden. Unser Dank gilt auch den Schwestern vom Orden der Heimsuchung, die sich unserem Gebet anschließen, zusammen mit allen Bewohnern von Annecy, die an dieser Pilgerreise haben teilnehmen wollen. Es ist schön, diesen unseren Weg im Gedenken an das kostbare Werk des Franz von Sales, den Orden der Heimsuchung Mariens, zu beschließen. Von hier aus haben sich die Schwestern in die ganze Welt ausgebreitet und sind auch nach Mailand gekommen. Mir scheint es nützlich, ganz kurz die ursprüngliche Intention des Gründers mit dem Projekt zu vergleichen, das in der Praxis realisiert wurde. Er hatte sich ein bescheidenes, einfaches Ziel gesteckt, wenn man von dem ausgeht, was er in einem Brief schreibt:

> „Ich wollte Gott Töchter des Gebetes schenken und so innerliche Seelen, dass sie würdig erfunden werden, seiner unendlichen Majestät zu dienen und ihn anzubeten im Geist und in der Wahrheit."

Und er hatte folgendes Anliegen:

> „Das kleine Institut soll wie ein einfacher Taubenschlag unschuldiger Taüben sein, deren Sorge und Bemühen es ist, das Gesetz des Herrn zu betrachten, ohne sich in der Welt sehen und hören zu lassen. Sie bleiben verborgen in der Felsspalte und im Versteck der Klüfte, um hier ihrem lebenden und sterbenden Vielgeliebten Beweise des Mitleids und der Liebe ihrer Herzen zu geben durch ihre schlichten und demütigen Seufzer."
>
> (An den Lyoner Erzbischof de Marquemont, Annecy, Juni 1615; DASal 8,231f)

Tatsächlich hat sich der Heilige – und das ist der erstaunlichste Aspekt seiner Ordensgründung – darauf eingelassen seine Pläne zu ändern. Er wollte Schwestern mit einfachem Herzen, die sich dem Gebet widmen und Kranke besuchen. Der Kardinal und Erzbischof von Lyon aber wollte lieber einen regulären religiösen Orden, mit allen im Kirchenrecht vorgesehenen Verpflichtungen, einschließlich der Klausur. Franz ging auf diese Änderung bereitwillig ein, obwohl er von seinen Ideen zutiefst überzeugt war – und das ist wahrlich ein Zeichen sehr großer Heiligkeit. Im Allgemeinen sind die Gründer nämlich recht hartnäckig und unbeugsam, wenn es um die Verteidigung dessen geht, was sie als ihr Charisma bezeichnen. Sie tun sich schwer damit, daran von der Amtskirche auch nur einen Aspekt abändern zu lassen. Nachdem Franz die Bemerkungen und das Urteil des Kardinals von Lyon angehört hatte, schrieb er:

> „Da ich sah, dass er die Kongregation nur mit Widerwillen begünstigen würde, wenn man nicht die zweite Möglichkeit annimmt, lasse ich ihn frei entscheiden. Es ist doch gleichgültig, ob die Kongregation in der einen oder anderen Weise Gutes tut."

Dem fügte er recht außergewöhnlich hinzu:

> „Das Wichtigste ist, meine sehr liebe Tochter (und das sage ich Ihnen ganz aus meinem Herzen heraus, das in Einfachheit und völligem Vertrauen zu Ihnen spricht, denn schließlich sind Sie gewiss mehr Tochter meines Herzens, als Sie sich denken können und als ich sagen kann), das Wichtigste ist, dass ich mich gelassen und ruhig, ja sogar mit unvergleichlicher innerer Freude darein gefügt habe. Und nicht nur mein Wille, sondern auch mein Urteil hat sich diesem würdigen Kirchenfürsten sehr gerne untergeordnet und die ihm gebührende Ehrerbietung erwiesen."
>
> (An die Oberin des Klosters von Lyon, Schwester Marie-Jacqueline Favre, Annecy, 2. Februar 1616; DASal 7,36f)

Nichts konnte ihn erschüttern Gott zu dienen, und darin bewies er eine nicht alltägliche Losgelöstheit, die Fähigkeit, aus freien Willen Gehorsam zu leisten und das Urteil der Kirche zu akzeptieren und nicht die Kongregation zu gründen, die er vor Augen hatte, sondern den Orden, der ihm von der kirchlichen Tradition her vorgeschlagen wurde. Auch in der Hinsicht ist Franz von Sales ein außergewöhnlicher Mensch.

**Die Spiritualität des heiligen Franz von Sales**

Wenn wir hier an den Gedenkstätten von Franz von Sales und Johanna von Chantal von der Ordensgründung sprechen, dann wird uns bewusst, dass wir über die Spiritualität des Heiligen noch nicht viel gesagt haben.

Wir haben seine Beziehungen ans Licht gerückt und kurz die Basis seiner pastoralen Entscheidungen beleuchtet. Doch jetzt möchte ich gern etwas über das Geheimnis seiner Spiritualität sagen; dabei lasse ich mich von einem Artikel von Pier Luigi Boracco leiten, in dem er die spirituelle Dynamik in der Mystik des heiligen Franz von Sales, seine Denkweise beschreibt als ein Abgehen von einer „Liebe, die etwas gewinnen möchte" hin zu einer „Liebe der Hingabe". An die Stelle der Mystik der „Wünsche" und des „Habens" weist Franz von Sales auf die „reine", „gleichmütige", uneigennützige Liebe als einzig wirklich authentische Mystik, in der Gott um seinetwillen gesucht wird, und nicht wegen des Guten, das daraus erwächst; sie zielt auf die Ganzheit der Hingabe, nicht auf die Suche nach Erfüllung und Selbstverwirklichung; sie hört wie der Sänger in der Fabel nicht auf das Lob der Liebe zu besingen, auch als er, nachdem er taub geworden ist, selbst nicht mehr hören und die Schönheit seines Gesangs nicht mehr auskosten kann.

Diese Losgelöstheit, dieser Gleichmut, die reine Liebe, das sind die Kernpunkte seiner höchst anspruchsvollen Spiritualität.

Ich möchte hier noch einmal einen Text lesen, den ich bereits zitiert habe, weil mir daran liegt, euch den Gipfel dessen begreifen zu lassen, wohin der Heilige uns führt, vor allem mit seinem theologischen Hauptwerk *Theoti-*

*mus*, der *Abhandlung über die Gottesliebe*. Der Text, den ich nun zitiere, stammt aus einem Brief an Johanna von Chantal:

> „Nein Herr, ich will mich weder meines Glaubens noch meiner Hoffnung, noch meiner Liebe mehr erfreuen. Ich will nur in Wahrheit sagen können – wenn auch ohne Lust und Gefühl –, dass ich eher sterben wollte, als meinen Glauben, meine Hoffnung und meine Liebe aufgeben ... Das ist der Höhepunkt der heiligen Ergebung, mich mit bloßen, trockenen und gefühllosen Akten zu begnügen, die vom höheren Willen allein geübt werden; ebenso wie es der höchste Grad der Enthaltsamkeit wäre, sich darauf zu beschränken, stets nur mit Widerwillen zu essen und nicht nur ohne Lust oder Geschmack daran."
>
> (An Johanna von Chantal, Chambéry, 28. März 1612; DASal 5,240f.)

Er spricht hier vom Übergang von einer Liebe der inneren Zuneigung (an der ihm wirklich sehr viel lag und die er gegenüber allen Menschen praktizierte, mit denen er im Kontakt war) zu einer aktiven, tatkräftigen Liebe. Auf der ersten Ebene lieben wir Gott und all das, was Gott liebt; auf der zweiten Ebene aber dienen wir Gott und erfüllen das, was er von uns möchte. Das ist der Gipfel der konkreten Liebe, von der das Leben dieses Heiligen geprägt war. Wir wollen uns daran erinnern und dem Herrn dafür danken.

**Abschluss**

Am Ende unserer dichten und reichen Tage spüren wir in uns das Bedürfnis in erster Linie Gott Dank zu sagen, der uns durch die Gestalten des heiligen Franz und der heiligen Johanna neue Impulse und Anregungen gegeben hat ihn mit noch größerer Aufrichtigkeit zu suchen. Auch den Organisatoren dieser Pilgerreise möchte ich von Herzen danken und euch, liebe Mitbrüder im Priesteramt, weil ihr mich durch eure Gegenwart beschenkt und mich durch euer Gebet gestärkt habt. Ein besonderer Dank gilt den Verantwortlichen des ISMI, allen Mitarbeitern dieses Instituts sowie all denen, die durch ihr Zutun und ihren Dienst die Intensität dieser Tage ermöglicht haben. Es ist eine Erfahrung, die wir jetzt dem Herrn anvertrauen, indem wir uns ihm aufs Neue mit jenem Geist der Loslösung, des Verzichts, des radikalen Gottvertrauens zur Verfügung stellen, den uns der heilige Franz von Sales beispielhaft vorgelebt hat. Dieses Ja unseres Herzens legen wir nun hinein in die Eucharistie, damit wir ganz eins werden, in vollkommener Einheit mit dem Willen des Vaters, des Sohnes und des Heiligen Geistes.

# Aus dem Gepäck der Pilgerreise

*Franco Gallivanone*

Die reiche Fülle der Erfahrungen in Annecy hat uns dazu veranlasst, in diese Broschüre auch einiges von dem aufzunehmen, was der Vorbereitung diente, zusammen mit einigen Texten, die dem inneren Leben während dieser dreitägigen Exerzitien die besondere „salesianische" Prägung gegeben haben.

## Die Vorbereitungen

Im Laufe des Jahres wurden alle Gruppen von Priestern, die am ISMI teilnehmen – es handelte sich um Gruppen von Priestern, die in den Jahren 1991 bis 1995 geweiht worden waren –, eingeladen und ihnen wurden Hilfestellungen gegeben sich auf diese Exerzitien vorzubereiten. Das Thema Beziehungen (in der Seelsorge) ist im Leben eines jungen Priesters sicherlich nicht marginal. Seine Eingliederung in eine Pfarrgemeinde bringt eine ganze Reihe ziemlich unterschiedlicher Beziehungen mit den Menschen mit sich. Sie leben sie, wenn sie das Evangelium verkünden, am Aufbau der christlichen Gemeinde mitwirken, im Kontakt mit Menschen, die keine religiöse Bindung haben, aber auch in ihrem eigenen Reifungsprozess als Priester. Diesem Aspekt kommt somit eine ganz besondere Bedeutung zu, denn all das befindet sich in einem ständigen Entwicklungsprozess; er verdient deshalb die Mühe steter Wachsamkeit, damit er wirklich im Sinne des Evangeliums reifen kann.

Um allen jungen Priester auf diesem Weg Hilfestellungen zu geben wurden zwei Möglichkeiten angeboten: zum einen Zeit für ein Gespräch mit einer Psychologin (mit Frau Dr. Elisabetta Orioli oder mit Schwester Paola Magna) über das Thema Beziehungen und zum anderen ein Leitfaden zur persönlichen Reflexion anhand eines Fragebogens, den Marco Bove erarbeitet hatte und den wir im Folgenden veröffentlichen.

## Im Blick auf Annecy

Marco Bove[13]

Zur Vorbereitung auf Annecy kann es nützlich sein, auch von unserer persönlichen Warte aus über die Welt der Beziehungen nachzudenken. Wir versuchen dabei, sie noch einmal im Ganzen in den Blick zu nehmen in ihrer Art und im zeitlichen Ablauf, wie sie sich im Leben des Priesters gebildet haben. Diese nachträgliche Reflexion kann das Selbstbewusstsein stärken im Blick auf eine selbstkritische Prüfung, die die Tage in Annecy begünstigen werden, weil sie eine Perspektive vermitteln. Somit kann sie dazu dienen den „Boden vorzubereiten". Es geht ja nicht nur um eine kulturelle Vorbereitung, dass wir die Gestalt des heiligen Franz von Sales kennen lernen, sondern um die wertvolle Gelegenheit unsere eigenen Erfahrungen zu hinterfragen, um sie noch stärker auf den Dienst am Evangelium zu orientieren. Im Folgenden also eine Reihe von Fragen, die uns dabei helfen können:

1. Wie beurteile ich – im Großen und Ganzen – meine Beziehungen: gut, intensiv, tief, unfreundlich, schwierig ...?
2. Wichtig ist, dass unsere Beziehungen echte „spirituelle“ Qualität haben. Was strebe ich in der Regel in meinen Beziehungen an: akzeptiert zu werden, glaubwürdig zu erscheinen, etwas Wichtiges mitzuteilen ...?
3. Was „beschäftigt“ mich in der Begegnung mit dem anderen, das heißt, wohin möchte ich den anderen führen, wenn ich ihm eine Beziehung anbiete?
4. In welchem Maße beeinflussen letztlich die Erwartungen mir gegenüber (seitens der Leute, des Pfarrers oder anderer „wichtiger“ Personen) meine Beziehungen und demnach auch meine seelsorgerlichen und persönlichen Entscheidungen?
5. Gibt es für mich nicht nur seelsorgerliche Beziehungen, sondern auch persönliche Freundschaften: mit anderen Priestern, Freunden „außerhalb“ der Pfarrei, mit Verwandten ...? Wo liegt der Kern dieser freundschaftlichen Beziehungen, das heißt, was biete ich an und was suche ich?
6. Gibt es Beziehungen, ganz bestimmte Personen, mit denen ich nicht klarkomme? Gelingt es mir zu verstehen, warum das so ist? – Gibt es Beziehungen, in denen ich sogar Furcht oder Angst erfahre? Könnte ich genau sagen, welche das sind und warum das so ist?
7. Gibt es Beziehungen, die ich bevorzuge? Bin ich in der Lage klar festzustellen, welche Beziehungen das sind und warum das so ist? – Betrachte ich alle Personen gleich, die ich vor mir habe, oder merke ich, dass ich „Unterschiede“ mache? Woran liegt das?

8. In den Beziehungen spielt immer auch die Zuneigung eine Rolle: Bin ich mir der positiven oder negativen Gefühle bewusst, die ich normalerweise in den Beziehungen mit anderen erfahre? – Wie reagiere ich gewöhnlich: Bin ich stur und halte ich mich auf Distanz? Lasse ich mich gehen? Pflege ich die Beziehung nur mit einigen?
9. Wie nehme ich Emotionen und Gefühle in den Beziehungen in der Seelsorge wahr, als Bedrohung oder als Kraftquelle? – Habe ich den Eindruck, dass ich meine Gefühle beherrschen kann, oder fühle ich mich von ihnen überwältigt?

**Das Motiv der Heimsuchung**

In dieser Broschüre wurde des öfteren Bezug genommen auf das Geheimnis der Heimsuchung und das Motiv der Beziehungen, das sie charakterisiert. Wir greifen noch einmal die beiden Texte von Franz von Sales auf, die dieser Episode im Evangelium gewidmet sind und an den Anfang der Hilfen für die dreitägigen Exerzitien gestellt wurden. Von der Eingangsfeier an – bei der jedem Teilnehmer eine Kopie der Ikone der Heimsuchung überreicht wurde – hat sie unsere Schritte begleitet und war während dieser Tage eine deutliche Aufforderung, das Geheimnis der Heimsuchung, wie es im Evangelium beschrieben ist, auch in unserem Leben fruchtbar werden zu lassen.

> „Ich gebe Ihnen zu überdenken, meine Tochter, welch feinen Duft doch diese schöne Lilie während der drei Monate verbreitete, die sie im Hause des

Zacharias weilte; wie jeder um sie besorgt war und wie sie mit wenigen, aber ganz wunderbaren Worten ihren heiligen Lippen den Honig (Hld 4,11) und kostbaren Balsam entströmen ließ; denn wovon sonst konnte sie überströmen als von dem, wovon sie ganz erfüllt war? Nun war sie aber ganz von Jesus erfüllt. Mein Gott, meine Tochter, ich wundere mich, dass ich noch immer so voll von mir selbst bin, da ich doch so oft schon die heilige Kommunion empfangen habe! Ach, teurer Jesus, sei auch das Kind unseres Herzens, damit wir überall nur Dich atmen und empfinden. Ach, Du bist so oft in mir; warum bin ich so selten in Dir? Du gehst in mich ein; warum bin ich so sehr außerhalb von Dir? Du bist in meinem Inneren; warum bin ich nicht in dem Deinen, um darin diese große Liebe, die die Herzen berauscht, zu suchen und zu sammeln? Meine Tochter, ich bin ganz inmitten dieser lieben Heimsuchung, in der unser Heiland im Schoße seiner heiligen Mutter gleich einem jungen Wein diese herzliche Liebe allseits aufwallen lässt."

(An Johanna von Chantal, Annecy, 1. oder 2. Juli 1611; DASal 5,227)

„Sie [Maria] ging hin, um das große Wunder oder die große Gnade zu sehen, die Gott dieser betagten und unfruchtbaren Frau [Elisabeth] erwiesen hatte, dass sie trotz ihrer Unfruchtbarkeit einen Sohn empfing. Sie wusste ja sehr wohl, dass es im Alten Bund eine Schande war unfruchtbar zu sein. Da aber die gute Frau alt war, ging sie auch hin um ihr in ihrer Schwangerschaft zu dienen und ihr jede Erleichterung zu verschaffen, die ihr möglich war. Zweitens geschah es um ihr das tiefe Geheimnis der Menschwerdung mitzuteilen, das sich in ihr verwirklicht hat. Unserer lieben Frau war ja nicht unbekannt, dass ihre Base Elisabeth ein gerechter Mensch war (Lk 1,6), sehr gut, gottesfürchtig, und die Ankunft des Messias sehnlich erwartete, der im Alten Bund verheißen war um die Welt zu retten. Es musste für sie ein großer Trost sein zu erfahren, dass sich die göttlichen Verheißungen erfüllt haben und dass die von den Propheten und Patriarchen ersehnte Zeit gekommen war. Drittens ging sie auch hin um Zacharias die Sprache wiederzugeben, die er durch seinen Unglauben gegenüber der Vorhersage des Engels verloren hatte, als er ihm ankündigte, dass seine Frau einen Sohn empfangen werde, der Johannes heißen soll. Viertens wusste sie, dass dieser Besuch dem Haus des Zacharias eine Fülle des Segens bringen werde, der bis auf das Kind im Schoß der hl. Elisabeth überströmen wird, das durch ihre Ankunft geheiligt werden soll. Das sind die Gründe, und ich könnte noch mehrere hinzufügen; aber ich käme damit nie zu Ende."

(Predigt zum Fest der Heimsuchung, 2. Juli 1618; DASal 9,270)

## Franz von Sales und die „Anfänge" seines priesterlichen Wirkens

Eine ganz unvorhersehbare Überraschung war die Andacht am Nachmittag des 17. April 1996 auf der Burg Les Allinges. Diese Festung auf dem Gipfel des gleichnamigen Hügels, in einer strategisch günstigen Position und mit einem wunderschönen Blick über den Genfer See, spielte in den „Anfängen" des Priesterlebens des heiligen Franz von Sales eine wichtige Rolle. Nachdem er zum Dompropst von Genf ernannt worden war, wurde er zwischen 1594 (neun Monate nach seiner Priesterweihe) und 1598 von seinem Bischof ins Chablais entsandt. Hier wirkte er als unermüdlicher Missionar, um dieses Gebiet, das zum Calvinismus übergetreten war, für den Katholizismus zurückzugewinnen. Wegen der Situation unter beständiger Lebensgefahr und der Unmöglichkeit, in nicht-katholischen Gebieten die Messe zu feiern, musste er aus Les Allinges einen nächtlichen Zufluchtsort für die Feier der Eucharistie machen (in der im 11. Jahrhundert erbauten Burgkapelle). Der Leib Christi war die Quelle seines apostolischen Wirkens.

An diesem Ort erfuhren wir eine tiefe innere Verbundenheit mit dem Apostel des Chablais. Wir spürten den plötzlichen Umbruch im Leben des Franz, als er seine Studien und die ruhige Atmosphäre in Annecy verließ um die desolate Situation im Chablais und die bisweilen unerträglichen Anstrengungen des Apostolats auf sich zu nehmen. Wir erfuhren von seinem leidvollen inneren Werdegang, der ihn – wie das auch im Titel der Andacht anklang (Die Mission: Ideal, Prüfung und Entscheidung) – vom Zeugnis eines leuchtenden Ideals (wie er das in seiner Ansprache formulierte, als er Ende Dezember 1593 zum Dompropst von Genf gewählt wurde, vgl. DASal 10,383–389, siehe Seite 112–114) über die Klage über die Härte des Kampfes, der Prüfung, die die Mission für ihn war, schließlich bis zu dem Entschluss führte sich mit Gott erneut wieder auf den Weg zu machen und dort zu sein, wo er Frieden erfuhr und sich im Vertrauen hingeben konnte.

In dieser Mühsal der „Anfänge" seines priesterlichen Wirkens entdeckten wir seine Sehnsucht nach einem „Ort", wo er neue Kraft für das Apostolat schöpfen konnte und wo er das Ja zu seiner wichtigsten Lebensentscheidung immer wieder neu bewusst nachvollziehen konnte ... um sich dann tags darauf erneut auf den Weg zu machen.

Wir sahen, dass er seine Erfahrungen im ständigen Briefwechsel mit einigen Personen teilen wollte, die ihm geistlich nahe standen: der Laie Antoine Favre; Pater Antonio Possevino, der weise geistliche Vater während seiner Zeit in Padua; sein Bischof Claude de Granier u.a.

Ausgehend von zwei späteren Texten[14] bekamen wir eine Ahnung, dass das, was er in dieser Zeit gelernt hatte, ihn später ständig begleitete und ihm zugute kam. Auch die „Anfänge" seiner Sendung als Bischof standen in dieser Spannung: das Missverhältnis zwischen der Verantwortung, die er auf sich nahm, und seinem Vertrauen auf Gott; doch er sah in dieser schwierigen Situation eine willkommene Gelegenheit für die notwendige Läuterung vom Geist der Welt.

Die Reihe der „salesianischen" Texte – eingeleitet von der Bitte an Gott um seine Gnade – wurde bereichert durch die Aufstellung der Ikone der Heimsuchung (unter Begleitung der 5. Strophe des Hymnus Akàthistos), von den Gesängen, die eigens für die Weihefeierlichkeiten der an-

wesenden jungen Priester vorbereitet worden waren, von einigen biblischen Gebeten (Ps 66; Ps 61; Phil 2,6–11; *Magnificat*) und anderen, die spontan von Teilnehmern geäußert wurden.
So kam es zu einer Begegnung unter Priestern, die – trotz der Distanz der Jahrhunderte – die „Anfänge" ihres priesterlichen Wirkens miteinander teilten. Sie kamen zusammen zu einem Austausch und sprachen miteinander über den langsamen Übergang vom Ideal zur Entscheidung sich mit Gott neu auf den Weg zu machen.
Die folgenden Texte möchten die Erinnerung daran lebendig halten:

Die Frömmigkeit muss endlich hochherzig sein,

> „1) um sich über Schwierigkeiten nicht zu wundern, sondern inmitten derselben an Mut zu wachsen. Der hl. Bernhard sagt: ‚Nur der ist wahrhaft tapfer, dessen Mut an Mühen und Hindernissen wächst';
> 2) um den höchsten Gipfel der christlichen Vollkommenheit erklimmen zu wollen, trotz all unserer gegenwärtigen Unvollkommenheiten und Schwachheiten, indem sie sich gleich der Braut im Hohelied in absolutem Vertrauen auf das göttliche Erbarmen stützt und zum göttlichen Freunde spricht: ‚Ziehe mich und ich werde laufen im Wohlgeruche deiner Salben' (Hld 1,3). Damit will sie sagen: Aus mir selber kann ich mich nicht zu dir hinbewegen, ziehst du mich aber, so kann ich zu dir hineilen ... Wie also die hochherzige Frömmigkeit nie aufhört Gott zu bitten: ‚Ziehe mich', so hört sie auch nie auf diesen Lauf hochgemut zu erstreben, zu erhoffen, zu er-

sehnen, nach den Worten: ‚Wir werden dir nacheilen.' Man darf nicht betrübt sein, wenn man dem Heiland nicht sogleich eilends folgt, sofern man nur immer bittet: ‚Ziehe mich' und den Mut hat zu versichern: ‚Ich werde laufen.' Denn wenn wir auch jetzt noch nicht laufen, so genügt es, dass wir mit Gottes Hilfe laufen werden. Setzt sich doch diese Kongregation gleich allen anderen nicht aus vollkommenen Menschen zusammen, sondern aus solchen, die vollkommen werden wollen; nicht aus solchen, die schon laufen, sondern die laufen wollen, also lernen wollen zuerst Schritt vor Schritt zu setzen, dann rascher zu gehen, dann zu eilen und endlich zu laufen."

(Geistliche Gespräche; DASal 2,36f)

## 1. Ein leuchtendes „Ideal"

„Ehrwürdige Väter ... Ich bitte, erinnert euch und bedenkt, dass Gott das Geringste und Schwache dieser Welt zu erwählen pflegt um das Starke zu beschämen (1 Kor 1,27), und am meisten aus dem Mund der Kinder und Säuglinge sein Lob bewirkt (Ps 8,3), damit wir ihm leichter die Güter darbringen, ‚die alle von ihm kommen'. Unsterblicher Gott, wie verschieden sind deine Wege von den unseren (Jes 55,9)! ... Da ich schwach bin an Begabung und Wissen, setze ich all meine Hoffnung auf ihn, der die Macht hat die Zunge der Kinder beredt zu machen (Weish 10,21) ... Durch Liebe müssen die

Mauern Genfs erschüttert werden, durch Liebe muss der Einbruch erreicht, durch Liebe muss Genf zurückgewonnen werden ... Nicht Eisen schlage ich vor, nicht Schwefeldampf, der nach dem Feuerofen der Hölle schmeckt und riecht. Ich fördere nicht jene Heerlager, deren Soldaten weder Glauben noch Gottesfurcht haben. Die Heerlager Gottes sollen jene sein, in denen Posaunen gleich die lieblichen Stimmen ertönen: Heilig, heilig, heilig ist der Herr der Heerscharen (Jes 6,3). Darauf richtet eure Aufmerksamkeit, teuerste Mitstreiter, und darauf, welche Treue ihr Gott, der Kirche, dem Vaterland, den Altären und den Familien schuldet ... Wollt ihr eine leichte Methode Städte zu erobern? Lernen wir sie doch von Holofernes. Nichts hindert uns, die Geschosse auf die Feinde zurückzuschleudern und aus ihnen Nutzen zu ziehen, wie Plutarch richtig ausführte.

Holofernes belagert Betulia; er unterbricht die Wasserleitung, lässt die Quellen streng bewachen und die Belagerten so sehr Durst leiden, dass die Unglücklichen schließlich von selbst an die Übergabe zu denken beginnen (Jdt 7). Lasst uns doch umgekehrt den in Genf eingeschlossenen Holofernes mit der Methode bekämpfen, die er selbst uns gelehrt hat ... Es gibt eine Wasserleitung, die fast das ganze Geschlecht der Häretiker nährt und erquickt, nämlich das überaus schlechte Beispiel der Priester. Die Taten und Worte, mit einem Wort die Sündhaftigkeit aller, vor allem aber des geistlichen Standes bewirkt, dass Gott sich mit Recht durch die Propheten (Jes 52,5; Ez 36,20; Röm 2,24) bitter beklagt, dass unseretwegen unter den Heiden täglich sein Name gelästert wird ... Durch den Schall der Gebete müssen die Mauern zum Einsturz gebracht werden. Der Angriff muss durch gegenseitige Liebe gemacht werden, hier, durch sie müssen wir unsere Angriffsspitze vortragen ... Gehen wir tapfer vor, meine teuersten Brüder. Der Liebe muss alles weichen. Stark wie der Tod ist die Liebe (Hld 8,6); dem Liebenden ist nichts zu schwierig."

(Antrittsrede des Dompropstes, DASal 10,383–389)

## 2. Die Härte des Kampfes

„Der Gouverneur hatte mit einigen anderen Katholiken zusammen nichts unterlassen, um durch vorsichtige Überredung die Bauern der Umgebung und die Bürger von Evian für unsere Predigten zu gewinnen und um mit glühendem und erleuchtetem Eifer die Sache unserer Religion voranzubringen. Aber der Teufel kam dem sehr bald auf die Schliche. Die Honoratioren von Thonon versammelten sich und schworen einander mit selbstbewusster Hartnäckigkeit, dass weder sie noch das Volk je katholische Predigten anhören würden ... Das soll vorgestern im Rathaus der Stadt geschehen sein und vorher schon in ihren Konsistorien. Wie würdet ihr euch verhalten, mein Bruder? Ihr Herz ist verhärtet. Sie haben zu Gott gesagt: Wir wollen dir nicht dienen. Geh weg von uns; wir haben nicht die Absicht den Wegen deiner Gebote zu folgen. Sie wollen uns nicht anhören, weil sie Gott nicht anhören wollen. Ja, mir scheint, dass ich sehe, worauf diese Verderbten abzielen: Sie wollen, dass wir die Hoffnung aufgeben und uns zurückziehen. Das wird aber nicht geschehen; wir sind fest entschlossen an diesem Werk ohne Unterlass weiterzuarbeiten."

(An Antoine Favre, Festung Les Allinges,
Anfang Oktober 1594, DASal 8,16)

„Zumindest teilweise wurden die Anordnungen geändert, mit denen ihnen untersagt wurde, mir nicht nur keinerlei Gefallen zu erweisen, sondern schlicht überhaupt nicht mit mir zu reden."

(An Antoine Favre, Evian, 2. November 1594)

„Gott hat mir hier eine Arbeit aufgetragen, die der Macht seiner Rechten würdig ist. Ich beginne heute meine Adventspredigten vor vier oder fünf Personen: Alle anderen ignorieren böswillig, was das bedeutet: Advent. Diese für die Kirche so erhabene Zeit ist bei den Treulosen in Schmach und Verachtung gefallen."

(An Antoine Favre, Thonon, 27. November 1594,
DASal 8,17)

„Monseigneur, wenn Sie zu wissen wünschen ..., was wir getan haben und was wir jetzt tun, so finden Sie das alles, wenn Sie die Briefe des hl. Paulus lesen. Ich bin ja nicht würdig, mit ihm verglichen zu werden, aber unser Herr weiß sich sehr wohl unserer Schwachheit zu seiner Verherrlichung zu bedienen. Wir gehen, aber wie ein Kranker, der das Bett verlässt und feststellt, dass er verlernt hat seine Füße zu gebrauchen. Bei seiner schwachen Gesundheit weiß er nicht, ob er mehr gesund als krank ist ... Ich bin ein Sünder und sonst nichts; ich bin in keiner Weise der Gnaden würdig, die Gott über mich ausgießt. Ihr wisst das besser als jeder andere, Monseigneur, wie ihr auch die andere Wahrheit wisst: dass alles mich jeden Tag stärker macht.

(An seinen Bischof Claude de Granier, Thonon, Anfang April 1595, DASal 8,18)

„Es ist nun schon der siebente Monat, seit ich hierher kam. Obwohl ich an allen Sonn- und Feiertagen und oft auch während der Woche gepredigt habe, haben mich von den Hugenotten nur drei oder vier angehört, die vier- oder fünfmal zur Predigt kamen, heimlich an Türen und Fenstern lauschend; es sind die Bedeutendsten, die fast immer kamen. Ich versäume aber keine Gelegenheit an sie heranzukommen, aber die einen wollen mich nicht anhören, andere entschuldigen sich mit dem Schicksal, dem sie entgegengingen, falls der Waffenstillstand mit Genf gebrochen würde, sollte sich zeigen, dass sie Gefallen fänden an den Gedanken der Katholiken. Das hält sie so im Zaum, dass sie den Verkehr mit mir meiden, so viel sie können. Manche sind zwar schon ganz vom Glauben überzeugt, aber es ist unmöglich sie zum Bekenntnis des Glaubens zu bringen, solange die Unsicherheit über den Waffenstillstand bestehen bleibt. Es ist schon beeindruckend, wie stark sich der Gedanke an die Bequemlichkeit dieses Lebens auf die Menschen auswirkt. Und man muss sich nicht der Täuschung hingeben, man könne dafür ein Heilmittel finden, denn wenn man auf die Verdammnis und die Hölle hinweist, dann decken sie sich ein mit der Güte Gottes, und versucht man sie zu einer Entscheidung zu bewegen, dann gehen sie ganz weg."

(An Pater Antonio Possevino, Thonon, Anfang April 1595, DASal 8,18)

„Ich bleibe ... hier wegen der Mühsal dieser siebenmonatigen Erstgeburt. Ich hoffe, dass ich mich bald davon befreien kann, zumal meine Geduld noch nie auf eine derart harte Probe gestellt wurde wie im Falle dieser bedauerlichen Verzögerung. Die Länge des Wartens wird durch die Intensität der Freude entgolten."

(An Antoine Favre, Thonon, 11. April 1595)

„Die Saat von Thonon ist eine Last, die meine Kräfte überfordert, aber ich habe mich entschlossen sie nicht aufzugeben ... Ich sehe keinerlei Resultat und keinen Ausweg, der mich aus der unaufhörlichen Arglist des Feindes des Menschengeschlechts herausführen könnte. Ich war betrübt, mein Bruder, und bin es noch, dass unter den vielen Katastrophen, die uns bedrohen, kaum ein Augenblick bleibt, in dem wir uns der inneren Einkehr widmen könnten, die uns so sehr Not täte. Wir müssen jedoch unsere Herzen zu besserer Hoffnung erheben können, indem wir auf das Erbarmen unseres Herrn bauen. Wenn ihr von Kriegen und Unruhen hört, lasst euch nicht erschrecken."

(An Antoine Favre, 2. August 1595)

## 3. Sich mit Gott neu auf den Weg machen

„Wir sind entschlossen uns mit allem Eifer für dieses Werk einzusetzen, nichts unversucht zu lassen und gleichzeitig zu flehen und immer wieder neu zu beginnen mit der ganzen Geduld und Erkenntnis, die Gott uns schenkt ... damit der Feind der Menschen sieht, dass er uns mit seinen Machenschaften nicht entmutigt, sondern unseren Mut eher wachsen lässt."

(An Antoine Favre, Festung Les Allinges,
Anfang Oktober 1594)

„Gebet, Almosen und Fasten sind die drei Stränge, aus denen das Seil besteht, das der Feind nicht so leicht zerreißt; und mit Gottes Hilfe werden wir versuchen ihn damit zu fesseln."

(An Antoine Favre, Thonon, 27. November 1594)

„Niemand kann Zweifel hegen an der Böswilligkeit unserer Feinde; aber ihr tut uns Unrecht, wenn ihr an unserem Mut zweifelt. Dank der Gnade Gottes wissen wir, dass wer ausharrt, gerettet wird, und dass nur der die Krone erringt, der nach den Regeln gekämpft hat, und dass wir durch unsere Prüfungen den Preis des ewigen Lebens gewinnen. Und darum flehe ich euch an, mein Vater, meine Beharrlichkeit nicht als Ungehorsam auszulegen."

(An Herrn de Boisy, seinen Vater, der von einem Attentat auf Franz erfahren hatte, Mitte März 1595)

„Mein Bruder, inmitten eines solchen Chaos (oder müsste ich eher sagen Ruin des Vaterlands?), wenn unsere Augen nur Anlässe zur Traurigkeit entdekken, wollen wir lieber den Blick auf unsere Heimat im Himmel richten und uns stets daran erinnern, dass Elija aus Tischbe in einem Wirbelsturm in den Himmel entrückt wurde."

(An Antoine Favre, 2. August 1595)

„Wir sind sicher auf dem guten Weg, wenn es wahr ist, dass [unsere Feinde] den Kampf [die öffentlichen Diskussionen] annehmen und dass sie sich von eingeschränkten Kräften wie den unseren einschüchtern lassen und bereits daran denken, uns um die Bedingungen der Ergebung zu bitten. Mit dem Herzen voll Mut aufgrund der Gnade Gottes erwarten wir mit Ungeduld diesen Kampf, der uns guter Hoffnung sein lässt."

(An Antoine Favre, Thonon, 18. September 1595)

„Die vier Worte des großen Apostels (2 Tim 4,2) müssen uns als Leitsatz dienen: gelegen oder ungelegen, in aller Geduld und Lehrweisheit. Er stellt die Geduld an den ersten Platz als die notwendigere, ohne die alle Lehrweisheit nichts nützt. Er will wohl, dass wir es erdulden, dass man uns unbequem findet, weil er uns lästig zu fallen lehrt durch sein ‚ungelegen'. Fahren wir nur fort den Acker gut zu bestellen, denn es liegt nicht an dem so unfruchtbaren Boden, dass die Liebe des Arbeiters keine Frucht bringt."

(An Bischof Jean-Pierre Camus, wobei Franz wahrscheinlich wieder an bestimmte Augenblicke seiner Mission im Chablais dachte; 7. März 1611, DASal 12,24f)

„Als ich vor drei Jahren nach Paris gegangen war wegen Verhandlungen bezüglich dieser Diözese ... als ich am wenigsten daran dachte, erfuhr ich auf meiner Rückreise aus Paris in Lyon, dass der Bischof, mein Vorgänger, gestorben war. Da mich der Papst kurz vor dessen Tod zu seinem Nachfolger bestimmt hatte, war ich plötzlich Bischof von Genf, betraut mit der Führung dieser armseligen, ganz zerschlagenen und aufgerissenen Barke. Hochwürdiger Vater, ich muss gestehen, ich habe viel Mühe und Arbeit, dazwischen aber auch manche Freude."

(An P. Possevino, Annecy 4. Oktober 1605; DASal 8,114f)

„Sie treten in den geistlichen Stand ein und gleichzeitig an die Spitze dieses Standes. Ich will Ihnen sagen, was einem Hirten gesagt wurde, der erwählt war, König von Israel zu sein: Du wirst dich zu einem anderen Menschen wandeln (1 Sam 10,6). Sie müssen ein ganz anderer werden in Ihrem Leben und in Ihrem Äußeren. Und um diesen großen, feierlichen Wandel zu vollziehen müssen Sie Ihren Geist umkehren und ihn ganz durchschütteln. Möge es Gott gefallen, dass unser Amt, stürmischer als das Meer, auch die Eigenschaft des Meeres habe, dass jene, die sich auf ihm einschiffen, alle schlechten Eigenschaften ablegen und ausspeien. Dem ist aber nicht so; denn sehr oft schiffen wir uns ein und ganz altersschwach setzen wir das Segel nach dem Wind, und je weiter wir segeln und auf hoher See vorankommen, umso mehr schlechte Eigenschaften nehmen wir an. Doch Gott sei gepriesen, der Ihnen das Verlangen geschenkt hat es nicht ebenso zu machen; ich hoffe, dass er Ihnen dazu auch das Können schenken wird, damit sein Werk in Ihnen vollendet werde."

(An Bischof Antoine de Revol, anlässlich seiner Wahl zum Bischof, 3. Juni 1603, DASal 12,18f)

## Anmerkungen

1 Seit 1990 organisiert das ISMI – das *Istituto sacerdotale Maria Immacolata*, das in der Diözese Mailand für die Begleitung der jungen Priester in den ersten Jahren ihres Wirkens zuständig ist – alljährlich die so genannten „Drei Tage" der Spiritualität. Diese Exerzitien finden immer an verschiedenen Orten statt, in Assisi, Ars, Taizé, La Salette, Avila, Annecy u.a. Bis auf das Jahr 1991 hat bisher immer Kardinal Martini persönlich diese dreitägigen Exerzitien gehalten.

2 Alle Zitate des Franz von Sales werden, soweit die Übersetzungen vorhanden waren, nach der Deutschen Ausgabe seiner Werke zitiert, die im Franz-Sales-Verlag, Eichstätt, erschienen ist (abgekürzt: DASal).

3 Don Franco Gallivanone ist Leiter des ISMI (siehe Anmerkung 1). Diese einführenden Worte sprach er am Vorabend der dreitägigen Exerzitien in der Basilika der Heimsuchung in Annecy, am 15. April 1996.
Die Basilika der Heimsuchung wurde zwischen 1922 und 1930 erbaut als Dank an den Herrn für das universale Geschenk an die Kirche, im Besonderen an die Kirche von Annecy, der beiden großen geistlichen Gestalten Franz von Sales (1567–1622) und Johanna von Chantal (1572–1641). Das Gotteshaus wurde auf Felsgestein errichtet und gibt mit seinen zwölf Marmorsäulen eine Idee der Solidität; sie bringt das Wesen der Sendung des Franz von Sales als „Erbauer" der Kirche im Geiste des Konzils von Trient zum Ausdruck. In den Seitenschiffen befinden sich die Sarkophage der beiden Heiligen: links Franz von Sales und rechts Johanna von Chantal. Im Altarraum erinnert ein Mosaik an die Botschaft des Franz von Sales als „Lehrer der Liebe", nach dessen Worten die Eucharistie „die Sonne der geistlichen Exerzitien ist [...], das unaussprechliche Geheimnis, das den Abgrund der Liebe Gottes offenbart". Die Kirchenfenster zeigen Stationen aus dem Leben des Heiligen – der „vollkommene Edelmann", Apostel des Chablais, Bischof von Genf, Literat und Hirte einer Diözese – aber auch Ereignisse aus dem Leben der Johanna von Chantal, die Ehefrau

und Mutter von Kindern war und später zur Mutter einer Ordensfamilie wurde.
Gleich neben der Basilika liegt seit 1911 das Kloster der Schwestern der Heimsuchung von Annecy, das am 6. Juni 1610 von Franz und Johanna im „Haus der Galerie" eingeweiht wurde und zum Ausgangspunkt aller anderen Klostergründungen wurde. Die Schwestern haben die Berufung, im freudenreichen Geheimnis der Heimsuchung Mariens zu leben, „ganz in der innersten Frömmigkeit, in der Demut und geschwisterlichen Liebe". Ihr gemeinschaftliches Leben in Kontemplation ist bestimmt durch den Rhythmus von Gebet und Arbeit.

4 Es handelt sich um ein von Willy Kaufmann gestaltetes Fenster – aus dem Zyklus, der Franz von Sales gewidmet ist und sich in der gleichnamigen Kirche in Mailand befindet. Es stellt den Heiligen dar, der Bischof von Genf und Annecy geworden ist, als er während einer Fastenpredigt, die er 1602 in Chambéry hielt, von den Strahlen des gekreuzigten Christus verklärt wurde.

5 Das Original des Bildes wurde im August 1995 von Domenico Grazioli gemalt, der zu den Kleinen Brüdern von Charles de Foucauld gehört und in der Einsamkeit der syrischen Wüste am Rande des Ortes Nebek lebt. Zur Präsentation hat er ein paar Zeilen geschrieben: „Die Heimsuchung. Modell: Ikone aus dem 17. Jahrhundert mit Szenen aus dem Hymnus Akàthistos, darunter die Darstellung der Heimsuchung Mariens. Das Geheimnis offenbart sich in der Geste eines Besuchs, die jedem von uns vertraut ist. Die Gesichter sollen etwas vom Staunen angesichts des Geheimnisses zum Ausdruck bringen, aber auch eine gewisse Traurigkeit (wie man sie auf byzantinischen Ikonen häufig findet), eine Vorahnung von Jesus und Johannes dem Täufer. Die Architektur im Hintergrund lässt die Szene vorschreiten bis zum Betrachter: Die Ikone versinnbildlicht Begegnung und Dialog im Glauben." – Allen Teilnehmern der Exerzitien wurde eine Kopie dieser Ikone geschenkt.

6 Die hier genannten Priester sind Don Franco Brovelli, der von 1987 bis 1995 Leiter des ISMI war und gegenwärtig als

bischöflicher Beauftragter für die ständige Weiterbildung des Klerus in der Mailänder Diözese zuständig ist; ferner Don Angelo Cazzaniga und Don Romano Martinelli, die beide als Spirituale im Priesterseminar der Diözese Mailand tätig sind.

7 Kardinal Martini hielt diese Predigt in der Kathedrale Sankt Peter am 16. April 1996 während der Eucharistiefeier zum Gedenken an den heiligen Franz von Sales, an der auch Hubert Barbier, der Bischof von Annecy, teilnahm (Schrifttexte: Apg 4,32–37; Ps 92; Joh 3,7–15).
Die stark von der Renaissance geprägte Kathedrale Sankt Peter entstand ursprünglich im Jahre 1535 als Kapelle für die Franziskaner. Als der Bischof von Genf, nach 1535, mit seinem Domkapitel nach Annecy flüchtete, bat er darum, sie ihm leihweise als Bischofssitz zu überlassen. Zur Kathedrale des Bistums wurde sie 1822 und dient seit 1965 auch als Pfarrkirche. Franz wurde in dieser Kirche am 8. Dezember 1593 zum Priester geweiht. Von 1602 bis zu seinem Tod übte er dort sein Bischofsamt aus. Von 1806 bis 1826 ruhten in diesem Gotteshaus seine sterblichen Überreste.

8 Am Nachmittag des 16. April 1996 in der Kirche von Thorens. In dieser Pfarrkirche von Thorens steht das Taufbecken, über dem Franz von Sales 1567 das Sakrament der Taufe empfing. Im Chorraum dieser Kirche wurde er am 8. Dezember 1602 zum Bischof geweiht. In den Apsismosaiken sieht man die Trinitas in cruce (in der Mitte), Sankt Mauritius, der die Soldaten ermutigt, für ihren Glauben das Leben zu geben (links), und die Bischofsweihe des Franz von Sales (rechts).
Diese Nachbarschaft der Dreifaltigkeit zum Weihesakrament beruht darauf, dass Franz selbst sie mit folgenden Worten beschrieb: „Nachdem ich es erst gestern hinausgeschoben hatte über meine Weihe zu sprechen, weil heute mehr Leute da sein würden, sagte ich unter anderem, dass es nun zehn Jahre seien seit meiner Weihe, d. h. seit Gott mich mir selbst genommen, um mich zu sich zu nehmen und mich dann dem Volk zu geben, d. h. daß er mich verwandelt hatte von dem, der ich für mich war, zu dem, der ich für sie wurde.“ (An Johanna von Chantal, Annecy 9. Dezember 1912, DASal 5,247) – Die Mutter von Chantal erläuterte das: „Er er-

zählte mir, es sei ihm erschienen, als habe die allerheiligste Dreifaltigkeit während der Weihehandlung an seiner Seele das Gleiche vorgenommen wie die weihenden Bischöfe an seiner äußeren Person. Zugleich glaubte er, die allerseligste Mutter unseres Herrn zu sehen, die ihn zusammen mit den heiligen Aposteln Petrus und Paulus unter ihren Schutz nahm."
In der Nähe von Thorens befindet sich Schloss Sales und eine Kapelle, die 1677 von den Neffen des Heiligen erbaut wurde an dem Ort der Kammer in der alten Burg, wo Franz am 21. August 1567 geboren wurde. Davor wurde ein Steinkreuz aufgestellt, das den Ort markiert, an dem Franz von Gott die Inspiration bekam den Orden der Heimsuchung zu gründen.

9 Diese Predigt wurde gehalten am Morgen des 17. April 1996 in der Sankt Mauritius-Kirche in Annecy.
Die alte Sankt Mauritius-Kirche der Dominikaner wurde auf Initiative des Kardinals de Brogny 1442 errichtet. Hier empfing Franz von Sales 1575 die Erstkommunion und das Sakrament der Firmung. Er predigte oft in dieser Kirche und erteilte Katechismusunterricht, zu dem die Leute auf den Straßen durch das Läuten eines Glöckchens geladen wurden. Hier ruhten von 1806 bis 1826 die sterblichen Überreste der Johanna von Chantal.

10 Die deutsche Übersetzung erschien 1991 unter diesem Titel im Verlag Kiepenheuer & Witsch, Köln.

11 Die Tageszeitung „Avanti" war das Organ der PSI (Partito Socialista Italiano).

12 Diese Predigt hielt Kardinal Martini am Morgen des 18. April 1996 in der Basilika der Heimsuchung in Annecy, während der Eucharistiefeier im Gedenken an den hl. Franz von Sales und die hl. Johanna von Chantal (Schrifttexte Apg 5,27–33; Ps 33; Joh 3,31–36).

13 Mitarbeiter des ISMI – Istituto sacerdotale Maria Immacolata – des Bistums Mailand.

14 Es handelt sich um die beiden letzten zitierten Texte, die zur Feier der Vesper am Abend des 16. April 1996 in der Kirche von Thorens verwendet wurden. Im Chorraum dieser Kirche wurde Franz am 8. Dezember 1602 zum Bischof geweiht.

**Weitere Bücher über Franz von Sales**
**IM FRANZ SALES VERLAG**

*Die in diesem Buch veröffentlichten Texte des hl. Franz von Sales sind zum größten Teil aus der Deutschen Ausgabe der Werke des hl. Franz von Sales (DASal) entnommen. Diese besteht aus folgenden 12 Bänden:*

**Werke des hl. Franz von Sales**
*Die Deutsche Ausgabe in 12 Bänden*

*Band 1*
**Anleitung zum frommen Leben** (Philothea) 290 Seiten, gebunden,
ISBN 3-7721-0147-X;
Taschenbuchausgabe mit Plastikeinband, Lesehilfe und Gebetsanhang;
ISBN 3-7721-0113-5

*Band 2*
**Geistliche Gespräche**
390 Seiten, Leinen,
ISBN 3-7721-0001-5

*Band 3/4*
**Abhandlung über die Gottesliebe** (Theotimus)
1.Teil: 320 Seiten, gebunden,
ISBN 3-7721-0128-3
2.Teil: 398 Seiten, gebunden,
ISBN 3-7721-0116-X

*Band 5*
**Briefe an Johanna Franziska von Chantal**
440 Seiten, gebunden,
ISBN 3-7721-0115-1

*Band 6*
**Briefe der Seelenführung an Laien**
420 Seiten, Leinen,
ISBN 3-7721-0005-8

*Band 7*
**Seelenführungsbriefe an Ordensfrauen**
368 Seiten, Leinen,
ISBN 3-7721-0059-7

*Band 8*
**Korrespondenz im Überblick**
438 Seiten, Leinen,
ISBN 3-7721-0220-4

*Band 9*
**Ausgewählte Predigten**
480 Seiten, Leinen,
ISBN 3-7721-0061-9

*Band 10*
**Kontroversschriften I**
394 Seiten, Leinen,
ISBN 3-7721-0062-7

*Band 11*
**Kontroversschriften II**
372 Seiten, gebunden,
ISBN 3-7721-0121-6

*Band 12*
**Geistliche Schriften**
434 Seiten, gebunden,
ISBN 3-7721-0064-3